作者风采

让世界一起幸福

捐款亿元为非洲建希望小学,首批22所已竣工

为柬埔寨艾滋病儿童捐赠大米,柬埔寨国王西哈莫尼亲切会见

斥资千万捐建全国首批农村免费诊所

率企业家到四川地震灾区春节慰问,发送红包3000万元

作者风采

捐款150万元为绵阳师范学院设立俊卿助学金

义卖《幸福企业才是最好的企业》样书，为陕西捐平安校车。一本样书拍得30万元

率爱心企业家为宁夏福利院捐款156万元

荣获全球公益慈善联盟金质勋章

作者风采

自豪的中国人

与老布什总统在办公室亲切会谈

与法国总统奥朗德亲切会谈

与印尼总统苏希洛在总统府亲切会谈

与澳大利亚前总理霍克亲切交流

作者风采

与泰国总理阿披实亲切会谈

与肯尼亚总统齐贝吉在总统府亲切会谈

与卢旺达总理马库扎在总理府亲切会谈

与菲律宾前总理拉莫斯亲切交流

幸福企业理论的奠基作；

比肩乔布斯、科特勒、任正非,被评为『影响中国企业管理十人十书』;

当当网、北京图书大厦销售冠军；

首次揭秘幸福企业五项修炼、幸福老板五项修炼和幸福员工五项修炼。

幸福企业（第三版）

才是最好的企业

卢俊卿 著

北京大学出版社
PEKING UNIVERSITY PRESS

图书在版编目(CIP)数据

幸福企业才是最好的企业/卢俊卿著.—3版.—北京:北京大学出版社,2014.4

ISBN 978-7-301-23995-7

I. ①幸… II. ①卢… III. ①企业管理-研究-中国 IV. ①F279.23

中国版本图书馆CIP数据核字(2014)第039492号

书　　　　名：	幸福企业才是最好的企业（第三版）
著作责任者：	卢俊卿　著
责 任 编 辑：	闵艳芸
标 准 书 号：	ISBN 978-7-301-23995-7/C·0993
出 版 发 行：	北京大学出版社
地　　　　址：	北京市海淀区成府路205号　100871
网　　　　址：	http://www.pup.cn
新 浪 微 博：	@北京大学出版社
电 子 信 箱：	zpup@pup.cn
电　　　　话：	邮购部 62752015　发行部 62750672　编辑部 62750673
	出版部 62754962
印 　刷　 者：	北京大学印刷厂
经 　销　 者：	新华书店
	720毫米×1020毫米　16开本　18.25印张　彩插2　205千字
	2014年4月第1版　2014年4月第1次印刷
定　　　　价：	42.00元

未经许可，不得以任何方式复制或抄袭本书之部分或全部内容。
版权所有，侵权必究
举报电话：010-62752024　电子信箱：fd@pup.pku.edu.cn

幸福力才是企业的终极核心竞争力

这么多年,我一直在思考一个问题:什么样的企业才是最好的企业?是规模最大的企业,还是利润高的企业?是技术先进的企业,还是管理规范的企业?

然而,遗憾的是,这些都不是我想要的答案。因为规模大的企业轰然倒塌的案例比比皆是;利润好的企业员工跳槽的案例比比皆是;技术领先的企业半路夭折的案例比比皆是;管理规范的企业陷入困境的案例也比比皆是……

那么,到底什么样的企业才是最好的企业?通过多年的思索,我得到的最终结论是:幸福企业才是最好的企业。

⋘ 中国企业的幸福危机

据有关机构统计,中国有89.5%的企业家认为自己"压力大",40%的企业家认为自己不够幸福,甚至觉得很痛苦,企业家过劳死的高峰年龄为44岁,在2011年7月之前的连续19个月,竟然有19位知名企业家英年早逝。与此同时,中国企业员工的任职时间也越来越短,离职率越来越高。员工的离职率从几年前的平均6%~8%增长到了现在的14%~

20%。即便没有离职,员工的状态也非常糟糕。其中,有73%的人刚刚从前一个工作单位辞职,24%的人已经调换过3个以上的工作岗位,22%的人有可能在加入公司的第二年就离开。

这一串触目惊心的数字背后意味着什么呢?意味着:中国企业正面临着幸福危机!富士康"16连跳"的悲剧绝不只是一个企业的悲剧,它的背后是中国企业的幸福危机。

走进"心"时代

在以互联网为代表的信息化时代,就业岗位的增多,招聘信息的网络化,都使得员工的忠诚度越来越低,人才变得越来越强势,老板变得越来越弱势。

举一个最简单的例子:我们的企业都要想拥有一流的人才,这与以往相比变得容易了很多,我们可以在很短的时间内在上千份简历中挑选所需要的人才;但从另一方面来看,这种便捷也带来了烦恼,那就是这些人才也同样可以在很短的时间里向上千家企业投放简历,去寻找自己最满意的企业和岗位,这使得人才拥有了更大的选择空间。在这种情况下,"如何吸引人才和培养员工的忠诚度"成为企业的第一大难题。

我们中国人相信:人心齐,泰山移。天地顺,四季皆宜;人心顺,八方得利。只要赢得了人心,一切都可以OK。共产党为什么能建立新中国?因为他们得到了全国人民的心;德兰修女为什么能赢得人们的尊敬?因为她感动了世界人民的心;各种宗教为什么会拥有众多信徒?因为它征服了教徒们的心。因此,我们有理由相信:开启奇迹大门的钥匙就是"心",我们要想留住员工,就要留住员工的心,让他们顺心、开心、安心,围绕他们的"心"来开展工作,经营人心将成为这个时代的一大主题。每一个企业都必须走进"心"时代。

幸福是凝聚人心的"吸铁石"

1999年,我给自己的公司确定了一个经营理念:经营人心,经营智慧,经营文明。今天,我想把它变成一句话:经营幸福。因为员工是为幸福而工作的,"幸福"是凝聚人心的"吸铁石",人们可以拒绝一切,但没有人会拒绝"幸福"。幸福就是生产力,幸福力就是核心竞争力。真正幸福的企业,是所向无敌的,是不可战胜的。

2011年8月份,一起由竞争对手和网络推手制造的"卢美美"慈善风波,让我与女儿、中非希望工程、世界杰出华商协会、天九幸福集团均在万倍放大镜下被人拷问,成为世人瞩目的焦点。一时间,黑云压顶,万城欲摧,铺天盖地的谣言和诽谤笼罩着全体员工的心,很多员工天天都能收到竞争对手的短信,引诱和煽动他们离职。然而,让我感到特别欣慰的是,在持续4个月的风波期间,公司员工同心同德,不离不弃,团结奋进,一切工作照常进行,让公司顺利渡过了危机。反而是那些"黑手"走向了灭亡。通过这起事件,我更加坚信:幸福才是凝聚人心的"吸铁石",幸福力才是企业的终极核心竞争力。这也让我看到了,我多年来坚持建设幸福企业的努力没有白费。

从利润最大化到幸福最大化

自有企业以来,人们都以为追求利润最大化是企业的天职,并认为这是天经地义的事情。今天,我想说,我们已经错得太久太久!企业的根本任务应该是追求幸福最大化,而不是利润最大化。利润最大化是手段,幸福最大化才是目的。片面追求利润最大化必然导致"以钱为本",只有追求幸福的最大化才能做到"以人为本"。

我们必须强化一个意识:大算不了什么,强算不了什么,钱多也算不了什么,幸福高于一切!当一个企业,将自己的"文化流"做成"幸福流"的时候,我相信,出现奇迹的时候就到了。

在我的职业生涯当中,如何建设幸福企业的探索很早以前就开始了。但真正提出比较完整的理论体系是在2009年2月4日。那一天,我第一次给我的员工宣讲了"建设幸福企业"这套理论。出乎意料的是,这次演讲引起了全体员工的极大共鸣,得到了前所未有的热烈而积极的反馈。2010年8月18日,我又在北京人民大会堂向2000多位企业家作了"幸福企业"专题演讲,反响也是异常热烈。之后,我在很多场合继续宣讲这套理论,截至目前,现场听过我课程的企业家应该超过了10万人次,在网上看过我演讲报告的不计其数。不过,让我感动的不是人数,而是很多听过我演讲的企业家都旗帜鲜明地开始建设幸福企业,并不断向我咨询相关细节。

应众多企业家朋友的要求,为帮助大家更好地建设幸福企业,我对该书第二版进行了修改完善,融合进了我很多新的感悟和体会,以此回报大家的厚爱。

我坚信,紧随第四次浪潮——绿色文明,第五次浪潮——幸福文明必将席卷而来,势不可当。在2014年"两会"上,"幸福中国""美丽中国"成为新热点,就是一个强烈的信号。未来,所有的企业都要经受幸福冲击波的洗礼,顺势者昌,逆势者亡。我衷心希望这本以我的亲身实践和心血汗水写成的书,能够为大家提供更多的启发和思考;能够为大家提供更多可以拷贝的操作方法;能够帮助大家用幸福重塑组织与文化;能够帮助大家在幸福文明的浪潮中抢占先机,用幸福之道笑赢未来。

卢俊卿

2014 年 3 月 18 日

目 录

作者序　幸福力才是企业的终极核心竞争力　／ 001

反思篇　什么样的企业才是最好的企业？

你注意到否，老板因过劳暴病而死，员工因压抑跳楼而死，此类现象早已不是什么新鲜事。这类企业可能是非常大的企业，也可能是产品非常好或者利润非常高的企业，但都不可能是最好的企业。什么样的企业才是最好的企业？我认为，只有幸福企业才是最好的企业。多年来，我一直致力于把我的企业建设成幸福企业，企业市值在我手上10年时间上涨了100倍。不过，最大的收获并不在于此，而在于我对什么是幸福企业、为什么要建设幸福企业有了更加清晰的认识。

第一章　中国企业的幸福危机　／ 003

　第一节　幸福危机，无处不在　／ 003

　　1. 弥漫全球的幸福危机　／ 004

2. 员工"跳楼"与"跳槽"的背后 / 006

　　3. 老板 19 连死给谁敲响了警钟? / 009

第二节　谁夺走了我们的幸福? / 012

　　1. 幸福与金钱的不等式 / 012

　　2. 过劳:用命换钱与用钱换命的不归路 / 017

　　3. 老板的检讨 / 019

第二章　向"幸福企业"转型 / 023

第一节　向幸福出发 / 024

　　1. 我们走得很远,却忘记为什么而出发 / 024

　　2. 黑猫白猫,抓住幸福才是好猫 / 027

第二节　什么是幸福企业 / 028

　　1. 定义幸福企业 / 029

　　2. 幸福企业的五项指标 / 033

第三节　"幸福企业"是企业管理转型的必然 / 037

　　1. 以产品为中心的时代 / 038

　　2. 以客户为中心的时代 / 039

　　3. 以人才为中心的时代 / 040

　　4. "以人才为中心"就是打造"幸福企业" / 042

第三章　幸福企业才是最好的企业 / 045

第一节　以人为本:幸福企业的精髓 / 045

　　1. 以客户为中心,还是以员工为中心? / 046

2. 以钱为本,还是以人为本? / 048

3. 要狼道,还是要人道? / 050

第二节　幸福文化:企业文化的制高点 / 053

1. 幸福文化的"金字塔" / 053

2. 幸福文化:企业文化的起点与制高点 / 056

第三节　幸福企业:新旧商业文明的分水岭 / 058

1. "利益最大化"的旧商业文明 / 058

2. "幸福最大化"的新商业文明 / 059

3. 幸福企业使人类商业文明更加光彩夺目 / 060

第四节　幸福力才是企业的终极核心竞争力 / 061

1. 幸福力是企业竞争战略的最高层次 / 061

2. 幸福最大化才能利润最大化 / 065

3. 幸福力是企业长寿的根本保障 / 068

实务篇　如何建设幸福企业?

中国很多中小企业对建设幸福企业望而却步,他们觉得自己企业还没有这个实力去做这件事情,其实,是他们不懂得建设幸福企业的方法。在建设幸福企业过程中,企业可以从五个方面进行修炼,即快乐工作、共同富裕、共同发展、受人尊敬、健康长寿。如果朝这五个目标迈进,相信你的企业一定会成为幸福企业。

第一章　营造快乐工作的氛围　/ 071

第一节　创建快乐工作的文化　/ 071

1. 引导员工将工作当成一种乐趣　/ 072
2. 先处理心情,后处理事情　/ 075
3. "五多五少"快乐管理法　/ 078

第二节　创建快乐工作的机制　/ 082

1. 任人唯贤,公平竞争　/ 083
2. 多劳多得,奖罚分明　/ 086
3. 把公司的事情变成员工自己的事情　/ 089
4. 充分竞争:让每个人每时每刻都在"比武"　/ 092

第三节　实现制度化与人性化的最佳平衡　/ 094

1. 让制度充满人性的光辉　/ 094
2. 从"法治"到"心治"　/ 098

第二章　强化共同富裕的观念　/ 102

第一节　"卢氏"企业利润公式　/ 102

1. 员工才是企业创造利润的源泉　/ 103
2. 引爆员工的工作热情　/ 104
3. 共同富裕:打造利益金手铐　/ 105

第二节　幸福企业不"忽悠",真金白银看得见　/ 106

1. 薪酬与利润同步增长　/ 106
2. 奖金与任务同步增长　/ 109

    3. 福利与职位同步增长 / 110

  第三节 共同富裕不等于平均富裕 / 113

    1. 机会均等，效率优先 / 113

    2. 平均主义就是剥削 / 114

第三章 构建共同发展的通道 / 117

  第一节 员工需求三部曲 / 117

    1. 致富：员工最基本的需求 / 117

    2. 成长：不仅要"鱼"，而且要"渔" / 118

    3. 当老板：告别打工，走向老板 / 121

  第二节 打破员工头上的"天花板" / 122

    1. 猎人族故事的启发 / 123

    2. 构建员工成长的绿色通道 / 127

    3. 企业家孵化器：让员工当老板 / 127

第四章 建设"受人尊敬的企业" / 134

  第一节 至诚至信，脱离奸商的低级趣味 / 135

    1. 至诚至信终久在，无诚无信终久败 / 135

    2. 坚守"为商三原则" / 137

  第二节 既富且仁，勇担社会责任 / 140

    1. 义利兼顾，以义统利 / 141

    2. 让"富二代"成为"仁二代" / 143

第五章　打造健康长寿的事业 / 146

第一节　警钟长鸣：别给企业埋下"定时炸弹" / 146

第二节　打造组织力：从能人利润到组织利润 / 148

1. 猫式利润——雁式利润——蜈蚣式利润 / 148
2. 打造永不沉没的"联合舰队" / 154

第三节　"三力四化"：实现企业管理升级 / 155

1. "三力"：幸福力、创新力、整合力 / 156
2. "四化"：员工职业化、企业品牌化、管理标准化、业务模式化 / 157

修炼篇　幸福人生是怎么炼成的？

"你永远都不能叫醒一个装睡的人"，如果一个人把自己的幸福感应器关掉了，无论企业做了什么，你都不能感受到幸福，因此我说，幸福很大程度上依赖于我们的主观感受和主动作为。本篇我希望从老板和员工的个人角度，阐释怎样做才能更容易得到幸福，从而拥有一个幸福人生。

第一章　参透幸福的奥秘 / 163

第一节　幸福是什么？ / 163

1. 不同人眼中的幸福 / 164
2. 幸福的三个层次 / 165

第二节　幸福人生六个维度　/ 167

　1. 身体有健康　/ 168

　2. 生活有保障　/ 168

　3. 时间有自由　/ 169

　4. 做事有兴趣　/ 169

　5. 家庭有欢乐　/ 170

　6. 未来有奔头　/ 171

第三节　把幸福弄丢的六种错误　/ 171

　1. 金钱至上，嗜金如命　/ 172

　2. 相互攀比，心理失衡　/ 173

　3. 漠视当下，不会惜福　/ 175

　4. 事事完美，吹毛求疵　/ 177

　5. 不懂分享，不愿奉献　/ 179

　6. 贪图安逸，没有目标　/ 180

第二章　幸福老板五项修炼　/ 183

修炼一　放慢脚步，让幸福跟上　/ 184

　1. 向幸福出发　/ 184

　2. 让健康无忧　/ 186

　3. 慢走啊，欣赏啊　/ 187

修炼二　放开双手，让烦恼落下　/ 189

　1. 放手，放手，再放手　/ 189

2. 外包,外包,再外包 / 191

3. 集中,集中,再集中 / 193

修炼三　关爱员工,让幸福保值 / 194

1. 让员工幸福,是老板的天职 / 195

2. 用"爱"经营,仁者无敌 / 196

修炼四　回归家庭,让幸福生根 / 198

1. 幸福家庭是企业家的"充电器" / 198

2. 我的幸福港湾 / 201

3. 建设幸福家庭的三条理念 / 204

修炼五　回报社会,让幸福升华 / 206

1. 股权是自己的,企业是社会的 / 206

2. 拥财而死是可耻 / 207

3. 分享财富,幸福才能升华 / 209

4. 厚德载物,回报是福 / 210

第三章　幸福员工五项修炼 / 213

修炼一　心态积极——幸福在灿烂的微笑里 / 213

1. 积极的人像太阳,照到哪里哪里亮 / 214

2. 感恩是德,吃亏是福 / 216

3. 幸福,不在于得到的多,而在于计较的少 / 218

修炼二　为爱而活——幸福在有爱的生活中 / 220

1. 播种爱,收获爱 / 220

2. 因为爱，所以爱 /222

  3. 让家庭充满爱 /223

 修炼三 享受工作——幸福在辛勤的汗水里 /225

  1. 相信天才出自勤奋 /225

  2. 把工作当旅行 /226

  3. 日清日省，日新日高 /228

 修炼四 怀揣梦想——幸福在希望的田野上 /229

  1. 人因梦想而伟大，因没有梦想而渺小 /230

  2. 有希望的地方，地狱也成天堂 /231

  3. 别让梦想成为空中楼阁 /233

 修炼五 无私奉献——幸福在赠人的玫瑰中 /234

  1. 大道无私 /235

  2. 施比受更幸福 /235

  3. 为社会注入正能量 /237

附录 我的幸福故事 /239

 谦卑的国王 /239

 我的结义兄弟 /240

 8天发送红包3000万 /243

 天道酬善 /244

 难忘的雪夜 /246

 终身追随者 /248

 被遗忘的父爱 /250

先定原则后经商 / 251

无言之教 / 252

红包倍增，长辈开心 / 253

在父母说的话前面加个"最" / 253

打扇尽孝，挑水报恩 / 254

千里送红包 / 255

无声的演讲 / 256

查出来的清官 / 257

一床被子与百万捐款 / 257

总统的儿子也不行 / 258

最可爱的人 / 259

我非千里马，愿往伯乐家 / 260

裸捐 / 262

全国首家免费诊室 / 262

最特别的年终奖 / 264

尊重人，从保姆开始 / 265

吹牛要"上税" / 265

最能干的总经理也要"下课" / 266

千金买错 / 267

感恩小平 / 268

跋　幸福企业用"心"建设 / 270

什么样的企业才是最好的企业？

"幸福"是你我都十分熟悉的一词，也是所有人毕生要追求的目标。员工为什么而工作，仅仅为了薪酬吗？仅仅为了升职吗？不，这只是目标之一，他们最基本、最核心的需求是获得幸福。

然而，放眼望去，目前的中国企业又有几家幸福呢？无论是老板，还是员工，都不同程度地被烦恼和痛苦困扰着，中国企业的幸福危机，正在四处蔓延。

中国企业的幸福危机，惊醒了很多有识之士，他们开始思考如何建设幸福企业，并且有一些企业已经付诸行动。

这些年来，我一直致力于把我的企业建设成为幸福企业，企业也因此而得到了极大的发展。我从太太手上接过这个企业后，10年的时间，市值上涨了100倍以上，在业界创造了不少第一的成绩，我本人也因此赢得了诸多荣誉。不过，让我来总结，我还是想说，这些年我最大的收获莫过于探索"幸福企业理论"的深刻心得和实践经验。我希望这些心得能给中国企业的幸福危机提供一些解决之道，帮助更多的企业尽早走出"不幸"的深渊，走向幸福的明天。

第一章

中国企业的幸福危机

现实太残酷,竞争和追逐永远没有尽头……我将到另一个世界寻找我的安宁和幸福。

这封简短的遗书,是广东省一名29岁的老板割脉自杀前留给这个世界最后的文字。为什么?为什么这么年轻却选择自杀?为什么不能为自己的梦想再多一点坚持?这一连串的"为什么"还没有得到答案以前,我们已经听到或看到了太多类似令人心痛的新闻。

这也让我们得出了一个心痛的结论:中国企业的幸福危机已经到了一个严峻的地步,我们必须对此进行一次严肃而彻底的反思。

第一节 幸福危机,无处不在

跟上个世纪相比,当今社会的经济已然实现了高速发展,但我们不禁要问,人们的幸福指数也在同步增长吗?事实上,人们的收入增加了,幸福指数却没有同步增长。有人因为攀比心理总也得不到满足,也有人因为过度劳累无暇享受,还有人……

总之,不同行业、不同阶层的人,因为各自的原因陷入一场相同的幸福危机之中。上至福布斯排行榜上的顶级富豪,下至为生计奔波的普通百姓,都觉得"幸福"二字渐行渐远。

1. 弥漫全球的幸福危机

> 欧洲人想要买房子了,借钱!想要买车子了,借钱!想要买大屏幕电视机了,再借钱!他们往往每周工作4天半,周五即使上班,也不过是边喝咖啡边与同事闲聊,计划着周末的度假行程。没钱度假怎么办呢,还是借呗。反正借贷太容易了,利率又那么低,好像借钱不需要还似的,不借白不借。如果到期还不出钱怎么办?再简单不过,借新债还旧债……

这是网络上流传的一段文字,我认为是对欧债危机的一个形象注解。二战之后,饱受战乱之苦的欧洲各国开始休养生息,利用高额税收为全民建立了从摇篮到坟墓的安全网。初衷很温馨,结果却令人遗憾,比如希腊、西班牙及意大利,男性退休后所领取的退休金竟达到人均年收入的几乎10倍以上,这有助于缩小贫富差距,但显然也惯坏了欧洲人,全民的创新能力和激情普遍陷入萎靡状态。欧洲人的懒惰最终让他们陷入了债务危机,他们昨天透支幸福的行为势必要以今天的不幸作为代价。

实际上,近年来从欧洲各国到美国,再到亚洲,从国家到企业,再到个人,都正在面临着一场关于"幸福危机"的巨大冲击波,我们现在正面临着一个幸福危机弥漫全球的时代。

美国作为全球最富裕的国家,也难逃幸福危机之劫。相比于上世纪五六十年代，全民幸福指数的增长远远没有赶上财富指数的增长。如今，过劳死在美国被称为"疲劳综合征"，与艾滋病齐名，被视为"21世纪人类最大的敌人"。

苹果公司三位创始人之一的罗纳德·韦恩36年前以800美元卖掉了他的10%股权，彻底离开了苹果公司。如今韦恩卖掉的股票价值350亿美元，有评论家认为这是最昂贵的错误。韦恩接受采访时却认为当初的决定很正确："如果留在苹果，超强的工作压力可能早就把我累死了！"如今乔布斯走了，韦恩还活着，虽然已经78岁高龄，但仍健健康康，我们谁也不能否认"过劳"是乔布斯去世的重要原因。

美国企业家过劳死并非个案，已经是普遍的社会现象。过劳死波及范围广泛，还危及到工人，甚至是自由职业者。当然，美国人今日的不幸福也与其一直以来的"借钱消费"习惯有关，虽然方式不同，但在本质上同欧洲人一样，他们贪婪地透支了今天的幸福。

在德国，亿万富翁阿道夫·默克尔在2009年的一天，面对疾驶而来的火车，跳下站台自杀。他的家人在一份声明中说，全球金融危机导致他的公司陷入困境，使他精神崩溃，最终自杀。

在日本，培养出了平井坚、化学超男子、可苦可乐等人气歌手的大型唱片公司"华纳音乐·JAPAN"的社长兼CEO吉田敬2010年在家中上吊死亡，年仅48岁。据称，他因为身患忧郁症经常去医院。相关者还表示，社长很孤独，他连商量事情的对象都找不到。

我们国家也难逃幸福危机大潮的侵袭。很多企业家表现得过分勤劳，甚至是在拿命换钱，结果身心健康都受到伤害，甚至因此失去了生命！以深圳为例，伴随着特区十多年的快速发展，当初的创业精英已有近

3000人逝去,逝世平均年龄为51.2岁,比全国第二次人口普查中广东省平均寿命76.52岁低25.32岁。同样,也有越来越多的年轻白领因过度工作而导致猝死,或是心理疾病导致轻生,年龄层次也逐年降低。2011年4月,普华永道公司员工潘洁突然因病去世,年仅25岁。2011年11月,百度在线技术有限公司年轻员工林海韬心脏衰竭,年轻的生命画上令人惋惜的句号。

因此我认为,如果说当前的欧债危机源于懒惰,2008年的美国次贷危机源于贪婪,那么我们国家当前的幸福危机则源于过劳。

员工是企业的生命线,但前提是员工拥有健康的体魄和心灵。如果员工的身体处于亚健康状态,精神又处于半抑郁状态,别说是发挥创造力,恐怕连基本的工作都难以做好。弥漫全球的幸福危机,看似不如席卷世界的金融风暴骇人,也没有地震海啸般的破坏力,却像腐蚀钢铁的酸雨一样,悄无声息地腐蚀着企业的生命力。千里之堤,毁于蚁穴,企业若想在经济浪潮中立于不败之地,必当防微杜渐,从制度到细节,营造人性管理的氛围。企业只有在幸福危机中屹立不倒,才能在经济危机中力挽狂澜。

《《《《 2. 员工"跳楼"与"跳槽"的背后

2011年7月18日凌晨3时许,深圳宝安区龙华富士康北门百鸣园宿舍楼上,一名富士康男员工从6楼坠下,当场死亡;2011年11月23日7时许,太原富士康一位年仅21岁的女员工从五楼跳下,当场殒命……这一声声闷响,令无数人震惊与悲伤,富士康自2010年至此已经发生了"16连跳"!

在这些跳楼的人之中,最大的28岁,最小的18岁。十几个如此年轻的孩子,在人生中最灿烂和最有希望的年纪,却用如此极端的方式,向他们面对的种种不如意提出了抗议。年轻的生命如鲜花凋谢,真是可惜、可叹!人们不禁要问,到底是因为这群年轻的80后、90后青年无法适应日新月异的社会变迁?还是复杂多变的就业形势和工作压力让他们绝望到没有别的选择?我想,这些都不能解释他们为何会在产品出口量占深圳外贸出口的22%、每年为深圳创造出超过百亿元税收的企业里轻生,更不能解释他们为何在"收入有保障"的企业中选择没有回旋余地的惨烈离世。

"N连跳"怪圈让富士康背上了"血汗工厂"的骂名,从国外"进口"的军事化管理模式让正值青春年华的员工义无反顾地悲情赴死。任何人都不想看到冰冷的"N"继续增加,让悲剧止于此是你我等企业家迫切需要反思的问题。

一个企业不能以利润和税收作为惟一评价指标,这和一个城市或地区不能唯GDP论成败是一个道理。GDP只是一个数字概念,不能体现经济发展中深层次的问题,诸如资源过度消耗、环境过度污染、居民幸福感下降等,这些无法从GDP的数字中一一展现。但现在无论是政府还是公众,对GDP都有一种狂热的崇拜,我们经常看到重奖利税大户的宣传,却鲜见重奖和谐企业、幸福企业的消息。

要知道,企业不能是一部"印钞机",大把大把地生产着钞票,把员工异化为印钞机上的一个个有呼吸的"螺丝钉"。也许有人会疑惑,不创造更多的利润何谈为员工谋福利,为社会作贡献呢?然而大家试想一下,如果企业的利润是建立在员工对自身健康透支的基础上,建立在企业对员工的残酷剥削基础上,这样的利润如何能称之为对社会的贡献,企业又何谈可持续发展呢?从我经营企业这么多年的心得来看,我认为企业是由人组成的,不是由机器组成的;企业的利润是重要的,但不是惟一的。所以,我一直在强调建立幸福企业的重要性。

在"跳楼"现象之外,员工的频繁"跳槽"现象也是需要深刻反思的。

在日本,员工终生只服务一个企业十分常见,如果企业倒闭了,员工会哭得稀里哗啦,有的甚至会从家里拿出钱来给企业渡过难关。对于他们来说,企业是全家的依靠,企兴则家富,企衰则家贫。而在中国,"跳槽"却像是一种流行"病"。在一线城市,有些员工一个月换三个工作都很正常,还美其名曰:资历丰富。其中缘由,有一部分人属于"此山望着那山高",而绝大部分人是因为对自己选来选去的企业不太满意,没有归属感,没有幸福感。

经常有企业家朋友向我抱怨:"现在企业留住些人才真是难,好不容易培养出来了,却飞走了。"我很理解这些老板的苦衷,但我想告诉他们:"现在是该反思一下我们企业家自身问题的时候了!"试想,如果企业家提供足够好的福利和发展空间,人才还会"跳槽"吗?实际上,疯狂"跳槽"的人中,绝大部分是由于他们得不到自己想要的幸福而采取的无奈之举。

如果一家公司的老板是蛮横强势、不善解人意的,员工实在是难以幸福。实际上,不同的"跳槽"者有不同的原因,我有个朋友还曾经总结过一些原因,并用非常通俗而幽默的"四个太少"表达出来:薪水太少,机会太少,好人太少,美女太少。如果我们把这四项用一种比较正统的方式来描述,就是以下四种:

第一,对目前的薪资待遇不满意;

第二,对目前的晋升空间不满意;

第三,对目前的工作氛围不满意;

第四,对目前的工作缺乏新鲜感。

总的来说,目前我国企业普遍存在一种矛盾现象:一方面是企业不惜重金招聘人才;另一方面是企业大量的人才"跳槽"。一个企业如果能够有效解决员工的四大不满,这种现象自然可以得到解决。

3. 老板19连死给谁敲响了警钟?

"自2010年1月至2011年7月之间,知名的上市公司或者企业中,离世的总经理或董事长级别的高管多达19名,其中11名高管就职或与上市任职关联。"当《每日经济新闻》这则"19个月19连死"的新闻摆在面前的时候,我内心为之震颤。在提醒企业家关心员工疾苦的同时,企业家自己的不幸福也时常令我非常不安。

在这些逝去的19名高管中,有众多人们熟知的名字,有的人与我还有交情。

王江民所领导的江民科技,见证了一代互联网人为反病毒事业所建立的卓越功勋,但突发心脏病让他止步于辉煌。

由丁明亮一手创办的德尔惠,在南国之地生根发芽壮大,在体育用品领域打造了极具影响力的属于自己的品牌,如此辉煌的个人业绩也无法阻止癌症夺去他的生命。

带领百视通IPTV事业部员工创业,并亲历百事通借壳上市,成为中国广电新媒体第一股的吴征,他的离去,更是让人无限感慨天妒英才。

……

19名高管中年龄最大的为万昌科技董事长高庆昌,享年68岁,年龄最小的为百视通COO吴征,年仅39岁,平均寿命不超过50岁。

对于正处于事业发展阶段的男人来讲,50岁,依然是公认的黄金年龄。40岁到50岁这个年龄段,正是企业家事业的鼎盛时期,也正值企业家功成名就而回报社会的时刻。正在生命最灿烂的时候,这19位商业巨星,却离我们而去了。尽管他们曾经带领的企业仍在继续书写辉煌,然而他们已经无法再参与这个过程了。真是令人扼腕叹息!

据统计,在这"19连死"的企业家中,有12名是因疾病去世,占据了63.2%。而他们所患的疾病要么是常年积劳所成,要么是突发性的而造成猝死。无论是前者还是后者,都是为工作所累,过劳死已成为不争的事实。

根据《中国企业家》杂志针对中国企业家阶层"工作、健康及快乐调查"的结果显示:目前有高达90.6%的企业家处于不同程度的"过劳"状态。作为一名企业家,平均一周要工作6天,每天的工作时间将近11个小时,而睡眠时间仅为6.5个小时。长期如此,最终导致有些企业集团总裁们因身体不堪负荷而告别人世。我在赞叹他们辛勤工作之余,也对这种不顾自身健康的行为提出质疑。

在2011年,巨人网络董事长兼CEO史玉柱曾发微博称,他将联合马云、冯仑等人集体举办一个追悼会,每个人为自己念悼词。他还透漏,此后每活一天就等于净赚24小时,所以要快乐充实地度过每一天。对此,有网友戏称"看来大佬们被吓怕了"。

当然,企业家也的确有他们的无奈。由于个人出色的能力,企业家在企业的地位往往无人能代替,这不但让企业家心力交瘁,同时也影响到民营企业的传承和接班问题。在权衡利弊之后,在利润与健康之间,他们的选择也是身不由己。因此,学会如何"放权",并促使企业尽快适应形势"转型升级",已经成为了中国企业家一个无法回避的问题。

我曾经对2001年至2011年间殒身的中国企业家作了一个初步的调查,遴选出数百名具有代表性的企业家,根据其殒身的主要原因进行分类统计。结果发现,出现法律意识问题的占48%,出现身体状况问题的占21%,出现压力承受问题的占18%,出现人际关系问题的占8%,而车祸等其他因素比例较少,只有5%。统计也发现,他们的平均年龄才47岁,着实让人惋惜。

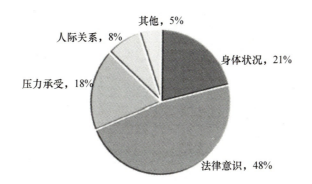

图1 造成中国企业家殒身的主要因素

改变这一切的关键是观念转变,而观念转变的关键就是对企业目的的回归与再认识。如果坚持以企业利润为核心的企业文化和追求利润最大化的企业目的不转变,那么员工跳楼、跳槽,老板殒命的悲剧将不可避免,无处不在的幸福危机也将不可能逆转。

第二节 谁夺走了我们的幸福？

托尔斯泰曾说："幸福的家庭是相似的，不幸的家庭各有各的不幸。"深谙幸福的真谛，才能激起对幸福的追求，知晓了不幸的源头，才有探索下一个幸福的信念。很多时候，幸福是很简单的事情，不幸的原因也许恰恰是我们把幸福看得太重，而拼命追寻的幸福就在身边。其实，幸与不幸往往是一念之间，就像漫天飞舞的蝴蝶，你不知道究竟哪一只是为你起舞，但是不经意的一瞬往往会有一只悄悄地落在你的肩头。

现在请大家跟随我"穿越"一下，想象我们正生活在上个世纪五六十年代，物资匮乏，购买各种生活用品都要以票为证，就算是在国庆、春节这样的重大节日里，也只能是多领几张票，根本不要奢望能看到如今超市里商品的琳琅满目！

站在那个匮乏年代想象今天的生活，是否会令我们发出艳羡的感慨？我想这是必然的。但同时让我们困惑的是，为什么今天我们并不觉得幸福？到底是谁夺走了本该属于我们的幸福？

1. 幸福与金钱的不等式

在追求金钱的过程中，相信很多人都有过这样的感受。自己很穷的时候，觉得能够拥有很多金钱是多么的幸福啊！因此每天都在绞尽脑汁想各种赚钱的路径；而当真正有钱以后，却突然发现金钱并不等于幸福，总觉得心里空空的，好像欠缺了什么东西。所以，我经常对企业家朋友讲，**当金钱膨胀得越来越大时，幸福有可能会与你渐行渐远，这就是财富**

和幸福的不等式。具体来说有两个内涵：

首先，没钱，难言幸福。

我不由得想起自己曾经亲身经历的一件事，虽然过去了很久，但却在我脑海中留下了不可磨灭的印记。

那是1999年春节，我们天九幸福集团的阿林（化名）真正体会到了"福无双至，祸不单行"这句老话的真正含义。阿林自己的身体本来就不好，年逾古稀的父母更是体弱多病，父亲又患上了中风；更加悲惨的是，哥哥腿骨骨折，刚要痊愈时却又摔伤惨死；妻子住院生产，孩子刚出生便夭折。发生这样的事故，真是苍天无情，命运多舛，旧伤未愈，又添新痛。阿林这一年因家事回家13次，工资都化作路费，家里还欠下了两万多元的债务。

年年难过年年过。万般无奈之下，阿林给我写了一封信，在信中，他如实讲述了自己家庭的情况。因为出差，我没有及时看到这封信。当我看到这封信的时候，阿林已经回老家了。看到这封信后，我又吃惊又惭愧。吃惊的是，单位还有经济条件这么困难的员工；惭愧的是，自己没有及时发现并给予帮助。当时单位已经放假了，阿林已经回到了千里之外的四川老家。究竟该如何帮助阿林呢？如果汇款，恐怕在春节前都难以到达。

我知道不能再耽搁，可以想象到，如果不是极度困难以及对我的信任，阿林不会给我写这封信。我马上作了决定，让自己的助手火速赶到阿林的老家，务必在过年前，当面将3000元交到阿林父母的手里，并代表我、代表集团表示慰问。

其实，只要稍微留心一下，每个企业都有一些类似困难员工"阿林"

这样的不幸福的员工。帮助他们获得幸福也是老板的责任和义务。

因此,我们公司于2000年正式建立了"天九爱心互助基金",每年由收入高的员工和公司共同捐资,专门帮助困难员工。该基金成了困难员工的"及时雨"。

可以说,没钱真的是难言幸福。但是,有钱,就一定能够幸福吗?

我曾经在一本杂志上读到过这样一则颇令人感慨的故事:

> 一对贫穷的夫妇的隔壁住着一对富裕的夫妇。富裕的夫妇,整天吵架;相反,那对贫穷的夫妇,家里却充满笑声。这个现象被富裕家庭的妻子所察觉,妻子很好奇地问丈夫:"为什么他们生活这么贫穷反而不吵架,而我们整天不愁吃不愁穿的却有如此多的矛盾呢?"
>
> 丈夫回答说:"原因很简单,从明天起我就可以让他们不幸福。"当天晚上,丈夫偷偷地向穷夫妇家的后院扔了一袋钱。结果从第二天开始,贫穷的夫妇家庭再也没有了欢笑,取而代之的也是争吵。

现实中这样的例子可谓数不胜数。比如说,一对刚毕业的恋人,没钱时感觉很幸福,因为对未来充满了期待。但有钱以后,各种矛盾爆发,开始变得不幸福了,甚至还会出现原本天生的一对却最终走向了离婚边缘的悲剧。有一句话是这么说的,朋友之间谈钱就伤感情,恋人之间谈感情就伤钱,要想离婚就去装修房子。幸与不幸,都与金钱有着千丝万缕的联系。

能够想象一个百万富翁一定比一个乞丐过得幸福,却无法想象一个亿万富翁一定比一个千万富翁过得更幸福。**其实,当金钱积累到一定程**

度时,幸福与金钱的多少就没有必然联系了,有时甚至减少金钱却能增加幸福。比如拿着钱去帮助别人,可能比增加财富更幸福。经济学有一个理论,叫边际效用递减,说的就是这个道理。就好比开始你感到非常饥饿,一个面包会让你感到很幸福,如果有第二个,那么你就会感到更满足,当有第三个,也许你就不那么饥饿了。当出现第四个时,你可能会吃不下了,要是还有第五个,你甚至会感到十分反感。其实,仔细想想,金钱对于每个人来说,又何尝不是如此呢?

所以我衷心地想告诉大家,尤其是想告诉我们中国的企业家,金钱与幸福不一定能成正比,更不能在它们中间画等号。如果不懂得在它们之间寻求一个平衡点,那么在拥有金钱的同时,反而可能会陷入极度的痛苦之中。

我曾见到这样一个现象,很受启发。在中国很多旅游景区,都有许多由农民工组成的抬轿队,他们是专门为有钱的游客服务的。那么是抬轿的人幸福,还是坐轿的人幸福?也许你会说,当然是坐轿的,他们享受这种舒适而自己不用走路。但我调查的结果刚好相反,抬轿人的平均幸福指数高于坐轿的人。这是为什么呢?

抬轿的人一般都是景区周围的农民,他们要进入抬轿队是经过竞争的,不是每个人都有资格,因为在家门口能挣现钱。进去之后不是你想去抬谁就抬谁,必须要排队。所以,每一对轿夫一旦能够抬到客人时,他们是很高兴的,因为获得了一个难得的挣钱机会。

我也坐过轿,我一路上都在关注他们,他们没有一点痛苦烦恼的感觉,而是谈笑风生,满脸喜悦。相反,我注意到恰恰是我们坐轿的人,有人很开心,但也有人愁眉不展,坐轿并没有带来多大的满足感。所以我认为,抬轿人的平均幸福指数要高于坐轿的人。这说明一个什么问题呢?坐轿的人和抬轿的人相比,坐轿的人拥有功名利禄,抬轿的人却是平民百姓,这说明人们的幸福与功名利禄这些东西并不完全成正比。

还有另外一个很有意思的问题,发红包的与得到红包的这两种人,哪一种人更幸福?我觉得是发红包的更幸福,为什么呢?得到红包是一种被关爱的喜悦之情,而发红包是一种有能力给予别人关爱的自豪之情,相比之下当然是发红包更有幸福感。

我记得我第一次得红包的时候,还是我考上大学时,当时有许多亲朋好友来祝贺,有的给一块钱,有的给两块钱。对于生长在农村的我来说,尤其是在那个年代,给的钱已经不算少了,因此我感到很幸福,因为天下有这么多人关心我、爱我,这意味着我在这个世界上有存在的价值。

后来当我条件比较好了有能力经常给别人发红包的时候,我才发现和体会到源于付出的一种幸福感,这种幸福的层次远远超过了得到红包的幸福。为什么呢?我得到红包的时候,是别人爱我;而发红包的时候说明我有能力去爱别人,爱别人是一种自我价值的实现,这不仅仅意味着我有存在的价值,而且我还通过赠予和付出实现和提升了自我价值,所以说这是一种更高层次的幸福。因此,当我事业有成之后,我把很多精力放在三个方面:一是力所能及地多资助一些困难群体;二是利用自己良好的人脉网络,引导先富起来的民营企业家们及其子女做慈善;三是尽可能多演讲,多出书,向需要帮助的人捐知识,捐智慧。而这三者给我带来巨大的幸福感。

很多企业家向我抱怨,即使有那么多钱还是不幸福。原因很简单:金钱并不能带来全部的满足感,而幸福只与满足感有关。既然金钱不能带来全部的满足感和幸福感，那么把追求金钱和利润当作企业的惟一目的当然是非常错误的。当然，这也并不是说金钱与功名利禄与个人的幸福完全无关，当你没有的时候可能是成正比，当拥有的时候并不完全成正比。我经常在与企业家交流时说到，**金钱只能让你富有，但仅仅靠金钱不能让你感到幸福，要想幸福就只有主动奉献自己的爱心，包括给企业每一个员工以爱心，让他们一起幸福。**

2. 过劳：用命换钱与用钱换命的不归路

我的一位企业家朋友曾这样描述企业家的两种命运：

第一种叫锒铛入狱而死。赚了钱犯了法，最后的结果是在监狱里面度过。中国企业家中，这样的人不在少数。

第二种是劳心劳力而死。就是很卖力地工作，连家都顾不上了，结果身体搞垮了，老婆跟别人跑了，孩子学坏了。中晚年的时候跟朋友吃饭：这个不能吃，那个不能吃，一桌菜，一半以上他不能吃。只有一种可以吃：什么药都可以吃。有的更惨，早早的累死了，别人用他的钱，用他的老婆，还打他的孩子。

这也许是大部分中国企业家共同的悲哀：前半生用命换钱，后半生用钱换命。殊不知，命可以换到钱，而钱却很难换到命，只能做棺材里的富翁。如果能够跳出当下视野的局限性，站在更高的角度来审视人生，相信任何一个企业家都不想上演这样的悲剧。

功成身退，后继有人，这对于企业家来说，算是最好的结局。但有一些企业家显然没有那么幸运，他们所遭遇的是"作茧自缚"，被自己一手创建的企业所束缚和困扰。宁波人和电池有限公司总经理许建光表示，自己每天的工作时间在14个小时以上,在车间一蹲就忘了吃饭,满世界飞来飞去谈业务,甚至忙到没时间花钱。浙江省嵊州市照明电器有限公司总经理朱晓峰也表示,自己每天都要担心诸如"市场定位是否准确,资金流动是否顺畅,社会关系是否协调"等问题,"恨不得把一分钟掰成两分钟用,能不累吗"?

企业家们长时间处于极度的焦虑和狂躁状态,致使身体和心理状况都出现恶化,直至最终被拖垮。从某种意义上讲,过去三十多年,中国民营企业的成就是用一代企业家的健康换来的。所以我经常讲,中国的第一代民营企业家相当一部分都是悲剧人生。为什么呢?因为他们始终没有脱离悲剧人生的轨道——事业越来越大,钱越来越多,人越来越累,最后累病、累垮,甚至累死。就像一支蜡烛,照亮了世界,却燃烧了自己。为此,我对中国第一代民营企业家在充满敬意的同时,又感到十分的痛惜和忧虑。

过劳现象在国外著名企业家中也同样存在。苹果卓越的CEO史蒂夫·乔布斯因胰腺癌而去世,英特尔公司前董事长兼首席执行官安迪·格鲁夫被检查出患上了前列腺癌,美国有线电视新闻网(CNN)的创立者泰德·特纳是躁狂性抑郁症患者,曾经的世界首富、日本著名企业家堤义明深受孤独症的侵扰,稻盛和夫和孙正义都差点因为肺结核丢了性命……这些事例足以表明,有着高强度工作量和心理负荷的企业家群体,深受生理与心理病痛困扰的现象相当普遍。

万科董事长王石在谈到企业家的生活方式的时候,用到了一个词——转型。具体来说,就是企业家不仅仅是做企业本身,更应该考虑作为自然人和社会人的角色,而企业也要更多地从企业公民、社会责任这些角度来考虑。他在 2006 年的时候甚至说出了"5 年之内完成一次环球航海,60 岁时要用 3 年的时间来穿越三大沙漠"的雄伟计划,而他所热爱的登山运动并不会因为万科股票价格的涨跌而受到影响,因为在他看来,企业家生活方式与股权多少无关。正是他,解开了部分中国企业家拷问生活价值的死结。在他的倡议下,北京万通集团董事长冯仑、搜狐 CEO 张朝阳、今典集团总裁王秋杨都成了登山迷,而这些企业家的生活方式的改变,也引起了外界对他们的看法,外界评论他们为:行业领袖、商界明星、登山家、企业家公民。

我们可以从两个角度看待企业家"过劳"现象。从某种意义上来说,这体现了企业家们积极进取、肯于奉献的创业精神,有利于推动企业的发展壮大。但从另外的意义上讲,这也是一种急功近利的行为,没有站在更长远的角度上考虑企业的可持续发展,其结果是令人悲痛的,在经历了企业的一时辉煌和企业家的一时风采之后,双双走向没落。企业迫切需要转型,需要创建一个能够良性循环、可持续发展的模式,尽快走出用命换钱和用钱换命的悲剧。

如何脱离"用钱换命与用命换钱"的不归路,实现由悲剧人生到喜剧人生的转折?方法只有一个:建设幸福企业。不仅仅要让员工们幸福,也要让企业家们幸福。为此,我强烈建议企业家们尝试一种新的生活方式:**努力创造财富,尽情享受生活,真诚奉献爱心。**

3. 老板的检讨

为什么员工会选择跳槽,甚至跳楼呢?我认为一个合理的解释便是他们在所工作的企业里无法获得幸福感。对此,我认为企业的老板们都应该做出检讨。

首先,老板们需要检讨的第一个问题是,员工在企业里担任的究竟是什么角色?

石油大王洛克菲勒曾经说过这样一句话:"工作是一个施展自己才能的舞台。我们寒窗苦读来的知识、我们的应变能力、我们的决断力,都将在这样一个舞台上得到展示。除了工作,没有哪项活动能提供如此高的自我表达的机会,如此强的个人使命感,以及一种活着的理由。工作的质量往往决定生活的质量。"

然而,大部分员工的真实状况是,工作就是负担,工作就是受罪,工作完全是因为生活所迫。更有网友宣称,上班的心情比上坟还要沉重。这些员工为什么对工作如此厌倦,到底是什么原因让他们丧失了工作的激情?我认为,关键是他们没有想清楚自己在为什么而工作,不知道自己工作的价值。

> 一位心理学家为了了解人们于同一个工作在心理上所表现出来的个体差异,来到了一所正在建筑中的大教堂,对现场忙碌的工人进行访问。
>
> 心理学家:"请问您在做什么?"
>
> 工人A:"你没看到吗?我正在敲碎这该死的石头,害得我手酸不已,这真不是人干的活。"
>
> 工人B:"为了每天50美元的工资。若不是为了一家人的温饱,谁愿意干这份敲石头的活?"
>
> 工人C:"我正在参与修建这座雄伟的大教堂。虽然敲石头的工作并不轻松,但当我想到,将来会有无数的人来到这里,

在这接受上帝的爱,心中就会激动不已,也就不感到劳累了。"

五年之后,心理学家再去回访时发现,工人 A 还是普通员工,工人 B 已升为主管,而工人 C 则成了总经理。

可以设想,第一种工人在不久的将来可能不会得到任何工作的眷顾,我们无法想象,一个对自己选择的工作是如此憎恨的人会在工作上有什么成就,甚至可能是生活的弃儿,完全丧失了生命的尊严。这种人可以称作是为工作所累,是完全无可救药的人。

第二种工人是没有责任感和荣誉感的人。对他们抱有任何指望肯定是徒劳的,他们抱着为薪水而工作的态度,为了工作而工作。虽然他们的目的本是人之常情,无可厚非,但怀有这样取向的人并不是企业可信赖、可委以重任的员工,必定得不到升迁和加薪的机会,也很难赢得社会的尊重。

而第三种工人呢?在他们身上,看不到丝毫抱怨和不耐烦的痕迹,相反,他们是具有高度责任感和创造力的人,他们充分享受着工作的乐趣和荣誉,他们把自己的工作看做是一项十分有价值的活动,他们正在创造价值。同时,因为他们的努力工作,工作也带给了他们足够的尊严和自我实现的满足感,真正体味到了工作的乐趣、生命的乐趣。他们才是最优秀的员工,才是社会最需要的人。

据我所知,能达到第三种工人层次的员工少之又少。我认为,企业家的目标就是要让所有的员工达到第三种层次,要让他们自发自觉地看到工作的意义所在,价值所在。

我觉得老板们需要检讨的第二个问题是,企业为什么而存在?

也许大家可以总结出很多原因或者说动力,但我想说的是,**企业所做**

的一切都是为了员工的幸福，这里的员工也包括企业家本身。员工是为了自己的幸福才选择这个企业和这份工作，而绝不是仅仅是为了给老板作贡献。既然是为自己的幸福而工作，如果你不能满足他幸福的需要，那他可能就不会成为你的员工了，道理就这么简单。

这里所说的幸福，不仅仅是金钱，如果企业家们以为员工仅仅是为金钱而工作，那就大错特错了。很多专家研究调查的结果发现，员工选择一个公司的理由，排在前几位的都不是钱，员工更关注这个公司能不能给他带来自豪感，这个公司的老板是否值得追随，以及公司有没有一个好的工作环境和晋升机制。

我认为老板们要重点检讨的第三个问题，就是员工发展的"天花板"问题。

在当今竞争激烈的商业环境下，很多企业家都在为突破企业的发展瓶颈而殚精竭虑，但是，很多企业家只关注如何在企业的发展上下工夫，却忽视了打破员工发展的"天花板"，为员工打造可持续发展的"绿色通道"，导致企业优秀人才流失，企业发展出现瓶颈。

第二章

向"幸福企业"转型

最近我关注到几个现象,联合国将每年3月20日确定为世界幸福日,并开始每年发布各个国家的幸福指数排名,《财富》杂志也每年发布"最适宜工作"的企业排名,其实也就是关于企业幸福度的排名,我们国家新一届领导人多次提到了"国民幸福感",很多省市也表示不再片面追求GDP,而把目光转到了幸福省份,幸福城市。美国《独立宣言》提到"对幸福的追求是不可剥夺的权利",对幸福的追求,其实是一切人类活动的起点,同时也是终极价值目标。

对于企业来说,要想赢得持久的竞争力,就必须要拥有大量的人才。而哪里有幸福,人才就往哪里去,如果找不到幸福感,真正的优秀人才可能离开你,去寻求更好的发展平台。

员工的幸福指数越高,忠诚度就越高,发挥的潜力和能量就越大,进而推动着企业健康持续地成长。可以说企业幸福力已经成为新管理思想的重要衡量因素,而"幸福企业"也成为新旧商业文明的分水岭。

事实上,建设幸福企业已成为企业转型的必由之路,这不仅是大势所趋，更是从被异化的道路上回归本真。

第一节　向幸福出发

我先跟大家讲一个笑话，有一个长跑冠军，看到一个小偷正在偷东西，就想去抓小偷。小偷跑，他就在后面大声喊站住！小偷反倒跑得更快，他性子一下激发起来，我是长跑冠军，你能跑得过我吗？一口气跑过去，超过了小偷，把小偷远远地甩在后面。最后碰到一个熟人问他，你跑这么急干什么？他说抓小偷啊。熟人问小偷呢？他说在后面。

后面的那个小偷是什么？就是我们老板创业之初要追的"幸福"，也是我们员工努力工作的初衷，也就是"幸福"。

◁◁◁◁ 1. 我们走得很远，却忘记为什么而出发

我们的目标很容易受周围事情的影响而改变，我想很多企业家也是这样，往往只是盯着前方，而忘记了脚下；只是盯着别人，而忽视了自己；只是竭尽全力去奋斗，却忘记了当初设下的目标。正是这样或那样的不健康的心态，才使得幸福离你我而远去。

现实中有很多人，本来是幸福的，但是最后却不幸福，为什么呢？**我认为很大一部分原因是心态问题，很多人追求的并不是幸福，而是比别人更富有。**相信下面的寓言故事能够带给大家启发：

> 有个国王最近一直很郁闷："要是我能像神仙一样每天不用为衣食发愁，没有大量政务在身，还可以四处云游，逍遥自在，那该多好啊！"面对案桌上要批阅的文书，他皱着眉头，自言自

语道:"日理万机的生活真是好辛苦啊!"痛苦的表情经常写在他的脸上。于是,他走出宫廷,到宽敞的御花园里散心。

让他没有意料到的是,原本生机盎然的花园现在却一派萧条,花枯萎了,树叶凋零了,这里根本就不像以前那个花园了。

"你昨天不是还好好的吗?今天怎么就枯萎了?"国王问橡树。

"我没有松树那么高,于是我一直不停地往上提升自己,结果,我的根脱离了孕育我的土壤……"橡树有气无力地说。

"可是,松树,你为什么也死了呢?"国王又好奇地问松树。

"我不能结和葡萄一样的果子,终日难过,不久就气死了!"国王听了感到很诧异。

然后,他更加诧异地发现葡萄也蔫儿了,连忙问道:"连松树都羡慕你,你怎么也气息奄奄了啊?"

"您看,我一直不停地拼命生长,可还是不能开出郁金香那样美丽的鲜花……恐怕我就要抑郁而死了……"

让国王欣慰的是,在他的脚旁边生长着一棵茂盛的小草,他差点就把它踩在脚底下了。

"小家伙,你叫什么名字?"

"我叫安心草。"小草摇头晃脑地回答。

"别的植物都枯萎了,只有你还在茁壮地生长,这是为什么呢?"

"因为我只想安心地做一棵安心草啊!"

透过这简短的故事,你是否读出了其中的真谛呢?没错,正是这种攀

比、贪婪的心态让我们失去了幸福,让我们忘记了幸福的本质。

完全沉溺于过去而不能自拔容易产生抑郁,盲目地和人攀比现状容易产生自卑,对未来过于担忧容易产生焦虑。过去的成就也好,失落也罢,都已经成为过去了,逝去的辉煌只能代表昨日的奇迹,不能预示未来可以取得同样的胜利;如果容不得别人的财富比自己多,看不得其他企业的业绩比自己的好,你将永远活在抑郁、自卑和焦虑之中,你会在攀比中丢失了自己的幸福。那么,应该以怎样的态度面对未来呢?我认为,可以有规划,但不可乱画;可以期待,但不能等待;可以有居安思危的考虑,但不能有杞人忧天的焦虑。

我经常与朋友们就幸福的话题进行交流。**一个人幸福与否,不在于他拥有什么,而在于他怎样看待自己当下拥有的东西,如财富、名誉和成就等**。幸福不是通过比较才得到的,很多时候,我们不断追求更高的幸福,却忘记了自己其实已经拥有了幸福。

如果企业家观念不转变,那么物质财富的增长将无法掩盖内心的逐渐空虚,身价的不断提高反而会带来身心的疲惫。如果企业家除了利润就没有了其他追求,更有甚者,在追求财富的过程中迷失了自我,丧失了原则,丢失了道德,其结果往往是因为有了财富而多了心病,说到底就是忘记了为什么出发。

我经常讲:幸福不在于房子有多大,而在于房子里的笑声有多大;幸福不在于车子有多好,而在于开着车平安回家。而对于企业家来讲,幸福不仅仅是企业会计报表上的利润有多高,企业有多富有,而在于身在企业的员工包括老板能否真正感到幸福,建设一个幸福企业才是我们的最终目的。

2. 黑猫白猫，抓住幸福才是好猫

很多创业者都会被这样一个问题所困扰：到底做多大的企业才算成功？这个问题，我从来不会使用具体的数字做回答。因为我觉得成功不能用某种数字来衡量。你可以把企业做得很大，也可以把企业做得很小，关键不在于大小，而在于你所创办的这个企业是否健康，模式是否可持续，利益相关者是否幸福。

这些年，不少中国企业因为内部的混乱和利益的斗争而半路夭折，甚至断送了自己的前途。前天的德隆、昨天的科龙以及今天的国美，无一例外都是因为董事局风波而备受煎熬。这些企业虽然把事业做得很大，但正是因为没有处理好员工、客户、股东和社会之间的关系，引来了令人心痛的灾难。

所以，我可以非常负责任地告诉我们的创业者，不要一味地追求所谓的规模，更不要为了追求规模而丧失自己的竞争力，哪怕在短时间做不大，也一定要创建一个健康的企业，把自己的发展建立在员工的幸福之上，用幸福员工的动力来推进业务战略的执行。我十分欣赏那些规模并不大、员工却感到很幸福的企业。每当我遇到这种企业的员工，他们的从容、豁达以及他们对未来的憧憬和信心，都让我为之感动。谭木匠，一家生产、售卖木梳的企业，1997年由残疾人谭传华夫妇创立，以"我善治木"为招牌，奉行"诚实、劳动、快乐"的核心价值，穷10年之力，在全国31个省区市开了863家特许加盟店。2009年岁末成功登陆港股。谭木匠的成功在于以诚信立企，并致力于建设幸福企业。了解了谭木匠之后，每次奔走于各大都市，看到大型商业街上谭木匠精致、静雅的小铺面，都会忍不住多看一眼。太多的企业,也许规模很大,业绩很出色,但是你不会对它有这种感情。

现代管理大师彼得·德鲁克曾经说过:"企业只有一项真正的资源:人。"营造和谐的氛围,让员工保持快乐,提升员工的幸福指数,是现代管理当中最重要的动力因素,直接影响着员工的工作效率和企业的持续发展。

因此,请大家记住:企业大不算什么,幸福才是关键;企业强不算什么,幸福才是关键。白猫黑猫,抓住幸福才是好猫。

我们也坚信,"幸福企业"必将会成为这个时代企业建设的主旋律和最强音!

第二节 什么是幸福企业

我由于经常和企业家打交道,听到过很多缺乏幸福感的抱怨,老板都不幸福,很难想象员工会有多幸福,因此我时常对中国企业的幸福指数感到担忧。在担忧之余,我也一直在思考一个问题:到底什么样的企业才是幸福企业?有人说幸福是一种虚无缥缈、难以捉摸的感觉,如此说来,幸福企业也难以描写,难以定义,果真如此吗?

为了探寻什么是幸福企业,我做了大量的调研工作。在这么多年的工作当中,我考察过的国内外企业应该超过500家,一对一交流过的企业家不少于3000位,其中包括很多世界500强的企业、中国500强的企业,其中有不少幸福感很强的企业,让我颇受触动,记忆深刻。除此之外,我也在自己的企业——天九幸福集团进行探索,经常和管理层以及员工交流，谈谈他们心中的幸福企业。经过这么多年的思考和实践，我形成了一系列关于幸福企业的观点，很乐意拿出来与大家分享。

1. 定义幸福企业

那究竟什么是幸福企业呢？结合我二十多年做企业的感悟，我的结论是：**幸福企业就是能够满足员工不断增长的幸福需要的企业**。只要企业能够满足员工不断增长的幸福需要，这个企业就是幸福企业，就这么简单。这里提到的员工包括老板、管理者和普通公司职员，老板是"一号员工"。

我为什么这么定义幸福企业呢？我认为要从建设企业的根本目的出发，更能理解幸福企业的含义。

从企业诞生以来，很多人坚持认为，企业就是以营利为目标的，一切都是围绕着钱转。我想，这样的企业一定不能长久，因为这是"忘记了为什么而出发"，忘记了企业是人组成的，企业的一切是为了人的幸福。不管是股东、管理者还是普通员工，尽管分工、职位不同，终极目的都是为了幸福，所以幸福最大化应该是企业的终极目的。如果能满足股东、管理者和普通员工三者共同不断增长的幸福需求，企业就是一家幸福企业。如果说这个企业只有股东、管理者很幸福，但普通员工不幸福，这样的企业是很难长久发展的。

日本著名的企业家稻盛和夫很早就认识到了这一点，他也是倡导幸福企业的楷模。27岁的他创办了京都陶瓷株式会社，52岁又创办了第二电电（KDDI），成为仅次于日本电报电话公司（NTT）的第二大通信公司。在他的有生之年，这两家公司均进入了世界500强。他与松下公司的松下幸之助、索尼公司的盛田昭夫和本田公司的本田宗一郎共同被称为日本的"经营四圣"。同时，他的经营秘诀也成为全世界企业家与管理者研究学习的对象。那么，他的秘诀在哪里呢？原来，稻盛和夫在经营企业过程中发现，除了追求利润最大化，公司还有一个更重要的目的，就是保障员工及其家庭的幸福生活。于是，他把"追求全体员工物质与精神两方面幸福的同时，为人类和社会的进步与发展作出贡献"定为他的经营理念，把为员工谋幸福作为自己的使命。在这种管理理念下，员工的工作热情被极大激发，视企业为自己可以依赖的家，企业由此不断发展壮大。

稻盛和夫对幸福企业的顿悟来自于他在1997年作出的一个令许多人难以想象的决定——在京都圆福寺剃度出家，专心修禅。稻盛和夫在一次访谈中讲到，佛教中有这样一句话"自利利他"，佛教认为要想自己获利必须造福他人，教导人们不要只考虑自己的利益，也要让他人得益。就这点来说，稻盛和夫认为说佛教不适应资本主义、不适应企业经营的说法是错误的，以佛教思想为基础从事企业经营远远比一般的企业经营高尚得多。

1984年，稻盛和夫把自己17亿日元的股份赠予1.2万名员工，在他的著作《人生与经营》一书中写道："无论现在还是将来，公司永远是员工生活的保障。"企业是人的集团，如果在这样的集团中无法做到自上而下齐心协力的话，企业是不会有良性发展的。只有充分认识和调动起员工的积极性，激起他们对企业核心价值的认同，他们才会上下一心，为企业的发展而共同努力。

那么，如果从外在的表现形式上来描述幸福企业，它是什么样的呢？我认为体现在两个方面：**一是微笑的企业；二是共患难的企业。**

第二章 向"幸福企业"转型

在一次我给企业家作"幸福企业"演讲的时候,有企业家朋友问到我这个问题。这是一个好问题,我觉得如果从表象上判断一个企业是否是幸福企业,一个重要标准是看它是否是微笑企业。

前些日子,在中央电视台梅地亚中心举办的首届幸福中国论坛上,原中国惠普公司华北区总经理高建华送给我一本书,叫《笑着离开惠普》。这是高建华先生在惠普工作了17年,在离开时写的一本书,他在这个团队里充分感受到了这个世界一流企业的人性化、人情化的企业文化。他告诉我们一个优秀的团队是如何从各处汇聚到惠普,即使在离开的时候,也能够说:惠普,好样的!高建华在书里面说到,经营好的企业意味着赚钱,管理好的企业意味着健康,文化好的企业意味着快乐。而惠普就是这样一家集赢利、健康、快乐于一体的卓越企业,一个能够让员工笑着离开的地方!

我看完这本书感触颇深,感觉惠普就是一个典型的幸福企业,是充满微笑的企业。惠普有一个"惠友"俱乐部,当惠普员工离职的时候,这个俱乐部都会给员工发一个证书,证明你是"惠友"俱乐部的成员。2005年6月18日,惠友俱乐部举办了中国惠普成立20周年的庆典活动,共有300多人出席,其中包括中国惠普的两任董事长和三任总裁,盛况空前。大家在一起回顾20年的历程,欣赏过去的老照片,感慨万千;而且,不管你是因为什么原因离职的,惠普还经常组织离职员工在一起聚会、交流,这样,离职的员工又像回到了公司一样,倍感温暖和亲切。

这件事情虽然很小,惠普投入的资金和时间成本也都很低,但企业得到的回报却很大。那么,惠普为什么能让每一位离开的员工说公司好?秘诀是什么?我认为最关键的是让员工觉得惠普很人性化。离开的员工也会向外界传播惠普的文化,等于间接给惠普做了广告。这是惠普坚持人性化管理理念、真正实施人性化管理战略的必然结果。

高效率不一定都是基于人性化的管理,因为靠压力,靠严格的制度,甚至残酷的剥削都可以达到高效率的目的,但真正的人性化管理一定会带来高效率。1985年成立之初的中国惠普,只有2000多万美元的年营业额,但到了2005年,公司的年营业额达到了100多亿美元,实现了超过100倍的增长。中国惠普之所以能实现如此高速的营运增长,人性化管理战略无疑起着不可替代的作用。

幸福企业也是共患难的企业。某企业遭遇火灾,工厂化作废墟,但老板仍然坚持给工人们连续发放了三个月的工资。结果,员工们全部自发地回到火灾之后的废墟上,收拾厂子重新开工。员工为什么能够与企业共患难?显然是因为企业首先做出了为员工谋幸福的举措。设想下,如果企业在遭遇火灾后拖欠了员工的工资,老板一走了之,哪个员工还会主动回到废墟上?只有在幸福企业,老板和员工之间那种无形的凝聚力才能支撑起共患难的企业。

"中非希望工程"事件也给了我很多启发。"中非希望工程"事件也是我经营企业这么多年来遇到的一次最大危机。因北京打工子弟学校被关的消息,部分媒体和网民在某些竞争者的误导下,对"中非希望工程"进行了错误的批判,对世界杰出华商协会也产生许多质疑和非议,网络上因"卢美美事件"掀起了滔天巨浪。但发生此事之后,我们的员工和会员企业为了帮助企业渡过危机倾注了大量的心血,不离不弃,主动出谋划策,与企业共患难,许多会员企业也主动与我取得联系,要为世界杰出华商协会和"中非希望工程"澄清,还社会一个真相。出于对会员企业的保护,我没有让他们出面,但他们主动请缨的壮举令我十分感动,让我铭记在心,正所谓患难见真情。很多离职员工也纷纷来电表示关心和支持,有的还主动回到公司与大家共患难。在大家的支持下,我们顺利渡过了难关。经历了这场风波,我对幸福企业有了更加深刻的认识,**幸福企业一定是能够患难与共的企业。**

2. 幸福企业的五项指标

在描述了幸福企业的特征和表现之后,你可能会问我:"我的企业算幸福企业吗?"要回答你的这个问题,我必须给出一套合理的幸福企业指标,这套指标将像一套标尺一样,能够评估出你的企业是不是幸福企业,如果不是,差距又在哪里,应该在哪些方面进行改进。当然,这套指标必须具有权威性和公信力。经过对数家企业进行调研后,我归纳出了幸福企业的五项指标,分别是:**快乐工作,共同富裕,共同发展,受人尊敬和健康长寿**。这五项指标是相辅相成的关系,因此用五个相互紧扣的齿轮来表达幸福企业的含义,如图 2 所示。

图 2　建设幸福企业五项指标

快乐工作 是指企业通过建立一套科学的机制与文化,激励员工始终用积极主动、乐观开朗、满怀热情的精神对待工作。在这里,工作对于员工来说不是一种负担,而是快乐的源泉;员工时时、处处感到劳动光荣,工作快乐,并有充足的时间和精力去追求心灵幸福;企业是一个和谐的群体,一个充满友爱的群体。

"石油大王"洛克菲勒经常教诲儿子要快乐工作,在给儿子的信中,他根据工作态度把人分为三类:第一类人把工作看成负担和惩罚,因此经常抱怨、牢骚满腹;第二类人把工作看成是一种养家糊口的方式,因此没有任何激情,只是为了工作而工作;第三类人把劳动成果看成是艺术作品和个人成就,因此就会用积极快乐的心态去全情投入从事的工作。高尔基也有句名言:"工作快乐,人生便是天堂;工作痛苦,人生便是地狱。"

员工能否快乐工作,关键在于公司的制度与文化。在一个制度化与人性化达到最佳平衡的企业,员工一定可以快乐地工作。

"阿珂!""青桐!""破虏!"如果走进一间办公室,听到有人这样打招呼,可不是金庸武侠小说的拍摄现场,而是阿里巴巴集团下属淘宝公司的员工们给自己取的"花名"。同样,淘宝公司的会议室名字也是"金庸特色"的,什么"黑木崖","侠客岛"……这样做的目的是让员工有一个放松的工作环境。快乐工作、认真生活,也是阿里巴巴一直提倡的理念。

共同富裕 就是企业要尽量缩小员工、管理者以及老板的收入差距,让他们共同分享企业利润增长的成果,共同过上幸福美好的生活。但共同富裕绝不是搞平均主义,更不是搞平均分配,而是要让每个人都有平等致富的机会,通过自身的努力,每个人都可以实现富裕。

共同富裕是邓小平理论的核心思想,是社会主义的本质要求,同样适用于我们的企业。然而,一个令人痛心的事实是:我国企业职工工资占运营成本一般不到10%,远低于发达国家50%左右的标准。这个现象被某些企业家称之为"成本优势",实际上是幸福企业的大敌。我在和国内一些企业家交往过程中,也经常发现企业家本人腰缠万贯,而员工却寒酸得要命,基本生活保障都无法满足,何谈幸福企业?

但我相信,前途是光明的,因为已经有越来越多的企业在向着共同富裕进发了。民生能源集团董事长薛方就极力倡导员工和老板共同富裕。他表示他已有的钱几辈子都花不完,但还是拼命做项目,周末都不休息,为什么?因为他觉得,作为先富起来的人有责任带领员工和更多的困难群众走向共同富裕,并且他有自己的方法,就是尽量"造血",比如很多时候捐钱并不是直接拿钱给需要的人用,而是帮助他们修公路,修建基础设施等。还有重庆华森制药董事长游洪涛,他认为身为老板带领员工共同富裕,这是他的本分和责任。

共同发展 是指企业在发展壮大的同时,为员工提供发展自身才能的工作和机会,让员工在"德、能、勤、绩"上不断与企业共同成长,共同进步,在企业发展的同时,培养员工健全的人格与专业技能,在物质和精神两大生活领域,实现个人价值的最大化。

我上面说到,幸福企业就是要满足员工不断增长的幸福需要,职业成长就是其不断增长的幸福需要之一。我也曾为人才流失的问题困扰过,后来发现导致这一现象的罪魁祸首,就是没有给员工提供一个个人发展空间和个人能力提升的绿色通道。在我按幸福企业的理念采取一系列改进措施后,再也没有因为这个事情而发愁,而且优秀人才十分忠诚。

成立于 1890 年的艾默生电气公司（Emerson），在技术与工程领域处于全球领先地位，曾被誉为"推动及影响世界电子工业发展的前 300 家企业之一"。员工的发展和培养是艾默生人力资源管理的重要内容之一，其目的在于将员工发展与企业发展战略紧密连接在一起。公司 HR 会为每位员工量身定做职业发展计划，提供合理建议，指定导师进行工作辅导，深入挖掘员工的个人潜力，为他们提供广阔的内部发展空间。此外，公司每年都会筹备新的培训计划，课程内容涉及公司的组织和流程、管理经验等多方面内容，为有潜质的员工建立职业发展的路径。

受人尊敬　就是通过全体员工的共同努力，通过企业勇敢承担社会责任，得到社会的认可和尊敬，拥有较高的品牌知名度和美誉度，从而带给员工一种自豪感和被尊敬感。

我认识一个朋友，他在三鹿奶粉做一名管理者，在三鹿奶粉事件发生前，他嘴里说得最多的是"我们是奶粉行业的龙头企业"，自豪之情溢于言表，而在三鹿奶粉事件发生后，他不仅失了业，在别人面前也从不提及自己曾在三鹿工作过。可见，不受尊敬的企业，员工唯恐避之不及，何来幸福可言？因此，我认为"受人尊敬"是提高员工幸福感和企业荣誉感的重要因素，很多人才选择公司的首要条件就是自豪感。要想建设一个真正幸福的企业，就必须成为一个受人尊敬的企业。

健康长寿　是指企业面向未来的可持续发展的能力和空间。一个真正幸福的企业，一定是健康长寿的企业，是在一些风吹草动面前不会被打垮的企业。因此，企业必须要逐步脱离"个体"能力主义，尽早打造组织力，通过组织的力量赢得企业的未来，从而打造一个永远不会沉默的"联合舰队"。

据美国《财富》杂志报道,中国中小企业的平均寿命仅 2.5 年,集团企业的平均寿命仅 7—8 年;而美国中小企业平均寿命将近 7 年,大企业平均寿命将近 40 年。可见,中国企业生存状况着实让人担忧。我想,"短命"的企业很难满足员工安全感的需要,员工的幸福感会因此大打折扣。同时,安全感的缺乏也会导致员工忠诚度的降低。

改革开放三十多年来,中国企业在产品开发、技术创新、营销技能、管理效率等方面都取得了巨大成就,但如何让企业家和员工找到生活的价值,如何提升企业家和员工的幸福感,已经成为企业家们的一项迫在眉睫的任务,更是一项严峻的挑战。

快乐工作、共同富裕、共同发展、受人尊敬和健康长寿,是经过对数百家企业的调研,并结合我个人的从业经历得出的幸福企业五大指标。快乐工作是幸福企业的基础,共同富裕和共同发展是幸福企业的核心,受人尊敬是幸福企业的关键,健康长寿是幸福企业的保障。我建立这套指标的目的,是希望能把这五个标准拿出来与大家分享和交流,建立一个双方或多方对话的平台。同时,也是为了让更多的企业通过对自身存在问题的检视,也能最终走到建设幸福企业的轨道上来,并期望掀起一股建设幸福企业的浪潮。若真如此,对我这些年的辛苦探索也算是一份慰藉。

第三节 "幸福企业"是企业管理转型的必然

中国改革开放 30 年,经济发展取得了巨大成就,商业文明也发生了翻天覆地的变化,社会、经济思想理论也发生了积极转变。尤其自 1990 年代以来,中国企业经历了两次管理中心的转移,是经济发展规律使然。

中国企业管理中心经历了三个时代。1980年代时,属于短缺经济时代,所有产品不愁销路,企业管理以产品为中心,以生产为导向。到了1990年代,中国逐步进入了过剩经济时代,客户对产品和服务的需要越来越多元化,于是企业管理过渡到了以客户为中心,以服务为导向。进入21世纪,越来越多的企业认识到人才是竞争力的核心,于是进入了一个争夺人心的时代,而管理重心也转移到了以人才为中心,企业经营管理的目标是打造能够不断满足员工幸福感的幸福企业。

≪≪≪ 1. 以产品为中心的时代

以产品为中心的时代,最重要的特征就是各种产品的短缺,基本上就是"工厂生产什么,顾客就买什么"。

这个时代在美国是出现在上个世纪初,以汽车为例,市场处在供不应求状态,亨利·福特就曾傲慢地宣称:"不管顾客需要什么颜色的汽车,我只有一种黑色的。"

这个时代在中国出现在改革开放初期的1980年代,那个时候,很多产品没有品牌,也没有营销,你想买甚至还要托关系、要指标。

我们都曾记得那个时代,很多工厂叫做:食品一厂、国绵二厂、机床三厂、自行车四厂……不管谁买我的钢筋、钢材、水泥、冰箱、电视机,都是一种标准,只要能生产出来,无论质量好坏,都不愁卖,都能赚钱。

产品短缺的时代,消费者处于被动地位,商品的可选性小,是典型的卖方市场。那个年代,工厂根本不考虑顾客的感受,而只关心产品的数量和成本的高低;那个年代,规模越大,成本越低,赚的钱越多。

那个时代的管理者更重视产量、成本、价格等因素,眼光只盯在产品身上。社会或市场的"无差别化",顾客不得已而重复性购买,甚至让企业产生了顾客忠诚的错觉。

那个时代,各种工厂纷纷上马,从国营厂到合营厂,再到村办工厂,校办工厂。慢慢的产品变得越来越丰富,企业不再是老大了,客户也越来越挑剔,这不得不让很多企业开始考虑转型。从产品短缺时代到产品开始过剩,我们仅仅用了十多年时间。

2. 以客户为中心的时代

以客户为中心的时代,是以产品出现了过剩为前提的。

再以美国福特汽车为例,汽车产量开始过剩,他的竞争对手为了取悦客户,生产出了更加舒适,外观更加新颖的汽车,福特汽车也渐渐被对手超越,在 1927 年,T 型车正式停产,而福特也不得不走了以客户为重心的转型道路。

美国著名的营销专家科特勒指出:在一个产品过剩,而客户短缺的世界,以客户为重心是成功的关键。美国的企业界也越来越认同,管理从着眼产品的成本、价格、渠道等,转变为着眼于顾客的多元化需求、便利和沟通,而且更加重视对客户的服务。

从 90 年代开始,中国逐步进入了过剩经济时代,不仅仅是产品过剩,产能也开始过剩,据统计今天我们国家 24 个大的行业,有 21 个产能过剩。这样,顾客有了更多种的选择,不但要求产品要好,还要让顾客喜爱,还要态度好,售后服务也要好。

要让顾客买你的账,光生产就不行了,还要重视营销,重视品牌形象。这个时代企业管理以客户为重心,期望讨好客户,服务好客户,市场营销的概念大行其道,所以说这个时代也是销售人员的时代。

为了提高客户的忠诚度,赢得长期而稳定的市场,企业用尽浑身解数,比如产品的创新,提高市场与服务的反应速度,更加贴心周到的服务,回报客户等等。

事实上,产品的过剩和极大丰富,也让消费者市场产生了细分,因为任何一种产品都无法独揽整个市场,于是企业开始走差异化路线,对自己的目标客户进行准确定位,提供多元化产品和个性化服务,而这一切都紧紧围绕着客户的需求,"顾客是上帝"的概念也被更多企业所认同。

但是,企业的产品水平总归有高有低,服务水平总归有高有低,营销水平总归有高有低。这些水平的高低决定着你是否能赢得客户,也决定着企业是否能在激烈的竞争中求得生存。

而企业也认识到,这些水平的高低受制于服务者的水平,也就是员工的水平,人才的水平。越来越多的企业开始认识到,"人才"才是企业最终制胜的关键因素,"人才"才是企业的核心竞争力。

3. 以人才为中心的时代

"21世纪最贵的是什么?是人才!"这句来自于电影《天下无贼》的台词广为人知。以人才为中心的时代,我也称之为争夺人心的时代、心时代。

以人才为中心的时代,最重要的特征是企业已经走出工业化,向信息化与全球化迈进。在这个时代,人才在企业中所起的作用越来越重要,企业间的竞争最终归于人才的竞争,人才变得越来越强势,老板越来越弱势。

还是以美国为例,上个世纪70年代初,美国大部分企业还认为金融和工业技术是企业成功关键的因素,甚至对人事部门的重视程度也不够,产生了重财轻人的现象。但70年代中期,日本企业对美国的冲击让美国企业开始重视人才战略。从80年代中期开始,很多美国大中企业开始制定一系列培育、挖掘人才的举措和人事政策,并逐步与公司战略决策相结合,把管理重心向人才进行转移,将人事部改名为人力资源部也是从那个时候开始的。

而中国企业以人才为管理中心的转移发生在21世纪初,而转移的原因主要可以归于三个方面:

第一,客户对产品和服务的高要求促进了这种转移。由于企业所提供的产品、服务越来越流于同质化,行业间竞争也越来越激烈。越来越多的企业主发现,企业高水平的产品与服务可以帮助其抢占市场,而产品与服务的水平受制于人,人才是企业制胜的根本。

第二,人才形势的严峻促进了这种转移。中国"人口红利"逐渐消失,低成本劳动力的时代已经不复存在,很多企业甚至出现了招不上人的现象;而就业岗位的增加,人才有了更多的可选性,很多人愿意不断跳槽,以换取更高的薪酬和更大的价值体现。

第三,时代的必然。全球化时代到来,人才的争夺不仅是本国企业间的争夺,还要面对来自全球企业的竞争。信息化时代的到来,解决了信息不对称的问题,人才可以通过招聘网站快速找到条件更好的工作,我们看看每天数十万家企业的招聘广告就可以一叶知秋了。

什么是人才?企业的人才一般包括管理人才、创新人才、营销人才、公关人才。广义上的人才概念并不仅指高端人才,只要是满足岗位要求的员工都可以称为人才。人才概念的外延扩大了,所以我们把这次向"以人才为中心"的转移也称之为向"以员工为中心"的转移。

重视员工与重视客户并不矛盾,许多企业都习惯于将客户满意挂在嘴边,但事实上,仅就产品与服务花样的翻新并不能起到显著的效果。原因何在?因为很多企业忽视或者没有足够重视到"让自己的员工满意"。在一条完整的价值链上,产品的生产、服务的产生都是要通过员工。员工的态度、言行也会融入到产品与服务中,并对客户的满意度产生重要的影响。所以也有了一句很出名的话:"**没有员工的满意,就没有顾客的满意。**"

想想看,如果你只得到了很多客户,但没有好的员工提供服务,最终也会造成这些客户的流失,所以从"顾客是上帝"向"顾客、员工都是上帝"观念的转移是不可避免的。

4. "以人才为中心"就是打造"幸福企业"

以人才为中心,就是打造人心的"吸铁石"。有了这块"吸铁石",企业才可以吸引人才,激励人才,留住人才,事业才可以像雪球一样越滚越大。

凝聚人心的吸铁石是什么?毫无疑问,只有两个字:幸福。因为每位员工都是为幸福而工作的,幸福是所有人奋斗的出发点和终极追求。

当然,企业光靠优厚的薪金、稳定的福利,很难长久地留住员工,因为员工还会有其他方面的追求,比如快乐的工作、自我实现的成就感、对未来的愿景等等,这一切同样可以归结为幸福。而企业要想打造成为"幸福企业",不仅仅靠金钱来实现,更多的是要用心去打造。

如何打造幸福企业？

首先，企业要为员工创建良好的工作环境，创造团结友爱的团队合作氛围，引导员工将工作当成一种乐趣，创建快乐工作的机制，并实现制度化与人性化的最佳平衡，让员工享受工作时间，保持快乐的心情。

其次，要让员工共享企业成长所带来的利益，让薪酬与利润同步增长，奖金与任务同步增长，福利与职位同步增长。打造利益共同体，让员工真金白银看得见，从而引爆员工的工作热情。

再次，要满足员工自我实现的成就感。为员工提供培训机会，让员工可以得到成长，打破员工头上的"天花板"，构建员工成长的绿色通道，让能者居其位尽其才。这需要一套好的机制和文化来保障。

而对于高层次的员工，可能还需要更多手段来满足他们的幸福需求，越高层次的员工越重视精神的需求。比如企业还要建立一套荣誉体系，让员工得到尊重感和荣誉感。大家可以从拿破仑的名言中得到启发："只要有足够的勋章，我就可以征服世界"。

打造幸福企业，就是为企业打造了一个人才凤巢，企业也就有了真正的核心竞争力。如果你的企业没有向幸福转型，你的竞争对手也会这样做，而你最终将会被对手甩在后面。企业管理向"以人才为中心"转移，就是企业向"幸福企业"转型！

能够认识到这个观点，是企业能否向"以人才为管理中心"转移的第一步。

综上，中国企业的管理中心从"产品"到"客户"，再到"人才"的转移，每一次都是革命性的跨越，这是企业发展阶段的必然，也是时代进步的必然。

而对于这种管理中心的转移，如果企业有预见性，并能及早进行战略转型，确是明智之举，因为这样会让你的企业走在时代的前面，走在同行的前面；但如果是后知后觉，转型就会变成无奈之策，被时势倒逼而进行的变革，就会使企业显得处处被动。

事实上，欧美国家的企业也曾走过这条路，只是时间上比我们要早上几十年。而中国企业管理中心的两次转移，也使得中国企业越来越成熟，越来越与国际接轨。

时代潮流不可挡，30年来，一大批企业倒下了，又一大批企业站起来了，落后于这个时代的淘汰掉了，属于这个时代的留下了，如大浪淘沙。没有经历这种转变洗礼的企业，见不到明天的太阳；成功经历了这种转变洗礼的企业，终见彩虹，实现华丽转身，进入了新的发展阶段。

向"以人才为中心"的管理转移，向幸福企业转型已经刻不容缓，重视员工的内心需求，打造凝聚人心的幸福企业，是时代发展的必然要求。

第三章

幸福企业才是最好的企业

在这一章,我重点讲讲幸福企业的好处在哪里,为什么要建设幸福企业。如果这个问题想不明白,企业家建设幸福企业的动力就不强,建设幸福企业就会成为一个空洞的口号。

目前人类社会已经从农业文明、工业文明、信息文明进入第四个文明时代——绿色文明时代,未来将进入第五个文明时代——幸福文明时代。它们共同的特征就是能够持续满足人们的幸福感需求,持续提升人们的幸福指数。企业作为经济生活的主体是推动绿色文明和幸福文明的主要力量之一,建设幸福企业成为企业的核心责任和必然趋势,如果企业拒绝融入这一浪潮,必将被时代所淘汰。

第一节 以人为本:幸福企业的精髓

朋友们都知道,企业文化是一个企业的灵魂和精髓,是潜在的生产力。那么幸福企业的精髓是什么呢?我认为是"以人为本"的企业文化。

企业即人，无人则止，日本"经营之神"松下幸之助也说，企业最大的资产是人，那么，幸福企业所有的活动都应该围绕人的幸福感而展开，所以，"以人为本"就是其核心文化和典型特征。我经营企业这么多年，一直坚持着人本文化，并将其视为我取得今天成绩的关键因素。

《《《《 1. 以客户为中心，还是以员工为中心？

传统的企业把产品作为中心，只要埋头把产品做好就可以。随着竞争的加剧，越来越多的企业逐渐把客户作为中心，普遍建立了客户服务部门。把客户看做"上帝"，目的是为了敦促员工提高服务质量，这原本无可厚非；但后来我发现这一理念也逐渐显现出不合理的地方。在幸福商业文明来袭的今天，**企业应该改变思维，将员工奉为"上帝"，他们才是我们企业的中心。**

将员工视为企业的"上帝"，是与目前国内绝大部分企业的经营理念相冲突的，很多人不认可。他们认为，只要把核心团队、技术骨干笼住，给高薪、给期权，对普通员工、一线员工并不需要过分重视。"你不满意，就辞职吧，要来面试的人多的是，老员工走了换新员工，铁打的营盘流水的兵。"应该说，我国绝大多数企业老板都是持这种管理理念的，这也是我国跳槽率高发的重要原因之一，背后的原因很值得我们深入讨论。

对股东、客户、员工三者来说，我认为让员工满意这一点更为关键：员工满意了，积极性调动起来，就会用心工作，使客户满意；客户满意了，企业经营效益就更好，最后股东也会满意；对核心团队、技术骨干当然要重视，因为这有助于维持企业的正常经营与核心竞争力的提高；但企业的大量工作和服务，实际上是靠普通员工，尤其是一线员工去做的，他们对企业的满意度和归属感,直接关系到企业的服务质量和企业的外在形象。员工快乐、愉悦、幸福,就会敬业,这也是企业经营目标实现的根本保证。

有些老板不重视基层员工,认为他们离开企业,企业还可以招收新员工,甚至工资可以付得更低,这种看法是很要不得的。招收新员工需要培训,在很长一段时间内会有不熟悉、不适应的情况发生,也需要学习与其他员工互相配合,尤其是老员工的离开对现有员工造成的不良心理影响,等等,都是我们不得不面对的问题。

管理学中著名的"客户满意度理论"认为,一个人对某一个品牌不满意,他会把这个不满意的心情告诉10个人,而这10个人则会把这个消极信息继续传播下去。最后,一个人的不满意至少会影响254个人,足见个体的力量有多大!

我想说的是,一个不满意的客户力量固然强大,但一个不满意的员工造成的影响却更加可怕,因为他面对着众多的客户,他施加的影响力将会是呈几何级增长的,一旦员工将这种不满意的情绪转嫁到客户身上,企业效益以及企业形象将会因此受到更为严重的损害。

所以,我认为,没有满意的员工,就没有满意的客户;没有满意的客户,当然也就没有我们生存的空间。我想,这个道理每个人都能明白。反过来,我们的每个员工对企业非常满意,甚至感到幸福,他们这种积极的情绪是否同样会影响其他人?答案当然是肯定的。

哈佛大学的一项研究表明,企业员工的职业幸福感每增加5%,客户满意度会相应增加11.9%,企业组织效益也会随之提升2.5%。由此可见,员工心理愉悦程度提高了,企业的工作效率就会得到明显的提升;也就是说,员工在充分体验职业幸福感后,就会从内心油然产生一种对企业的认同感,并感觉工作是一种快乐,从而带着愉快的心情,积极投入到日常工作中。

因此,我们根本没有理由剥夺员工的幸福感,更没有理由剥夺他们的尊严。相反,要尽可能地提供一切资源来帮助他们获得幸福感,为他们营造快乐工作的环境。**一个真正的幸福企业应该将员工视为资源,而不仅仅是成本**,只有这样,员工才能为企业贡献更大的力量。

稻盛和夫有一段发自内心的话:"公司并不是经营者个人追求梦想的地方,无论现在还是将来,公司永远是保障员工生活的地方。在追求全体员工物质与精神的幸福的同时,为社会的发展和进步做出贡献。企业首先是员工的企业,其次才是股东的企业。"我很认同这句话,并经常拿来给我们企业的股东和管理者们讲。

2. 以钱为本,还是以人为本?

在企业家眼中,一个成功人士的标准是什么?我想很多人都会这么说:首先是财富,雄厚的企业资产和规模;其次是认同,在同行业中成为佼佼者,获得竞争对手的认同;最后是证明自己,获得地位和尊敬。

没错,如果实现了上述三方面,那的确是成功人士了。有一些"聪明"的企业家作了一个总结:我赚了钱,不是什么都有了吗?既有财富,又得到认同,还证明了自己。这样的企业家,是典型的"以钱为本"的企业家。

我认为,一个真正成功的企业家,应该是坚持"以人为本"的企业家。不仅创办了一个优秀的企业,还培养了一支优秀的员工队伍;不仅给社会带来了物质财富,还创造了宝贵的精神财富。企业不断做大做强,员工越来越快乐,也越来越幸福,这才是企业家真正成功的有力证明。反过来,企业不断扩大,利润也不断增加,员工却很不满,心里骂你是冷酷的剥削者。工作在这样的企业里,你会快乐吗?会幸福吗?一个成功的企业家,不仅会赚钱,而且能够给大家带来愉快和幸福,才真正实现了人生的价值和意义。

"以钱为本"的企业家和"以人为本"的企业家的区别,就在于对待员工的态度:在前者的眼里,员工只是逐利的工具,是生产的一种要素,是物;而在后者的眼里,员工是人,是企业财富的创造者,而不是生产要素中的一种消耗品。企业的首要目标是为员工谋幸福。

SK 集团是韩国第三大企业,主要以能源化工、信息通信为两大主力产业,在韩国石油化工和移动通信两大领域排行第一,并跻身于世界 1000 强企业。SK 集团的理念是:生活的最终目标就是幸福,任何人都追求更加美好的生活。SK 集团一贯的追求就是让员工在工作的过程中拥有幸福感,感受快乐,获得成长,并看到未来方向。

SK 会长崔泰源表示:"把欢乐散播至全球各地是我们企业文化不可缺少的一部分。集团承诺向业务所在地的居民作出回馈,因为我们深信这是 21 世纪的正确经营之道。""亲和型"是崔泰源的独特经营哲学,这包括以人为主的经营和追求幸福式经营两部分。他无论是在私下,还是在公开场合,总是不断强调"人"的重要性。他说:"人就是企业最重要的财富。经营企业时要让每个人都发挥出自己的优势。"

而在我国企业中,由于长期以来的劳动力过剩导致了员工利益得不到重视,"以人为本"的执行情况令人担忧。根据有关统计数据,1991 年到 2005 年,政府的收入在增加,企业的收入在增加,而职工工资收入占

GDP 的比重不但不增加,反而从 15.3% 下降为 11%,也就是说职工没有从经济增长中分享到应有的成果。我想,企业在拼命扩展版图、增加收益的同时,也应该多重视员工不断增长的幸福需求。我在幸福企业五项指标的论述中讲过,企业应该将经营利润的增长分享给用心为企业成长效力的员工和管理人员,要让他们和企业共同分享企业成长的成果,共同富裕、共同发展,满足他们幸福生活、快乐工作的需要。唯有如此,才能建设成幸福企业。

3. 要狼道,还是要人道?

前些年,一本名为《狼图腾》的图书在上市之后,迅速红遍全国。该书讲述了内蒙古草原十几个连贯的"狼故事",对"狼性"做出了形象而又深刻的描述。出乎作者姜戎先生意料之外的是,该书迅速在全国上下引起了一片"狼叫",大家都在谈论所谓的"狼道",还有人煞有介事地总结出了《狼子兵法》,声称其思想性不亚于《孙子兵法》。一些企业甚至开始将"狼道"引入到了企业文化,并称之"狼性文化"。

华为是"狼性文化"的"首创者",大力倡导员工学习"狼性"的三大特征:一是敏锐的嗅觉;二是不屈不挠、奋不顾身的进攻精神;三是群体协同作战。这三者本身并没有问题,但在狼性文化的鼓舞下,华为一直奉行高强度劳动,曾有一段时间执行 6 天工作制。"狼性文化"是一柄锋利的双刃剑,在华为如"狼"般一路"狂奔"的时候,也暴露出很多管理问题。华为员工因为压力过大而跳楼、因为工作量过大而猝死的现象时有发生。"狼性文化"催生的"加班文化"、"床垫文化"备受质疑,已经开始困扰华为的发展。华为是中国民营企业的杰出代表,他们用"狼性文化"赢得了过去,但要赢得未来,最终还得靠"人性文化"。

那么,"狼性文化"到底出了什么问题呢?我认为问题在于它漠视人性,导致了人性的缺失。"狼性文化"的背后是残酷无情、你死我活、不择手段、阴险狡诈,员工被看成企业攻城略地的一台台像狼一样的商业机器。在与市场竞争对手的较量中,置对方于死地是惟一目的,再加上不择手段,蔑视规则,结局往往是两败俱伤的恶性竞争局面。而在企业的内部管理中,由于"狼性文化"强调攻击性,会导致企业内部难以形成和谐友好的环境,员工变得冷酷无情、贪婪、不按规则出牌,管理层则会变得独断专行,缺乏信任感。试想,在这样的环境下,即使拿着丰厚的薪酬,员工心里会有幸福感吗?

我深深地感觉到,我们的企业要是这样下去,将来全社会都会变成"狼",而不是人,这是十分可怕的。在"狼道"和"人道"的选择上,我的答案非常坚定:将"人道"进行到底。

何谓"人道"?在中国古代儒学中,"人道"与"仁道"相对应,孔子主张推己及人以行"仁",墨子主张"兼相爱,交相利"。经过儒家思想在历代的不断演化,人道已经成为对人的基本价值的一种判断。我认为,人道,就是尊重人性,达到"以人为本"的一种世界观。具体表现为关怀人、爱护人、尊重人,做到以人为中心,以具有时代色彩的眼光研究和对待人的特点、需求和利益。

"商道即人道",这是晚清"红顶商人"胡雪岩的人生顿悟。你可能知道,胡雪岩名下有一个享有盛誉的老字号药店——胡庆余堂,但胡雪岩本人根本不懂医,为什么他能做出这样的成绩?正在于他的"人道"理念。他有一个亲戚,祖上曾是开大药店的,但由于此亲戚特别好赌,落得个家道中落。胡雪岩不仅没有嫌弃这个亲戚,还十分尊敬他,帮助他改掉了坏毛病,建立了胡庆余堂药店。随后的几十年中,胡庆余堂成为名闻天下的老字号药店,素有"北有同仁堂,南有胡庆余堂"之说。胡庆余堂门楼上现今还保留着胡雪岩所立的"是乃仁术"四个大字,作为胡庆余堂的祖训。

实际上,现代企业家中也有很多信奉"人道"的。我非常赞赏人称"电脑教父"的台湾企业家施振荣先生的经营理念。他几十年来推行的企业文化就是"人性本善",他把宏碁做成了世界著名品牌,使宏碁成为"台湾制造"的代名词,这些成绩主要得益于他的"人道"经营理念,而不是"狼道"。相较于一般企业通行的使用ROE(股东权益收益率)来衡量企业经营效益的手法,施振荣在对宏碁进行内部评估的时候,提出了ROH(人力回报率)的概念。他解释说,这个比率代表着每个人的生产力,是每年都可以衡量出的。但ROH除了有形的东西以外,还有无形的东西,即员工是否快乐,能力是否增长。因此,在施振荣的积极倡导和组织之下,宏碁形成了以人为本、人性本善的企业文化。例如,因为对"宁为鸡首,毋为牛后"的创业精神的认同,他提倡以员工入股制度让同仁分享当老板的成就感;主管们都能尽心培养部属,传承知识和经验。再如"接力式马拉松",则是为了矫正过去台湾企业短视近利的积习,期许同仁"在岗位上全力冲刺,交棒时圆满完成任务,使公司永续经营"。

他认为,人性本善,发掘人性之善,提倡对人的宽容和信任,容许人犯错误。在这方面有一个关于施振荣的经典案例:1980年宏碁推出并不叫座的中文电脑,新员工努力销售出了一套产品后发现客户是家专事诈骗的空壳公司,令公司因此损失十余万元。施振荣并没有因此为难该员工,而是借此在公司内建立问题分析、及时改进的机制——收获远远超过10余万元损失。最难得的是,施振荣先生还能够让出舞台和权力,宁愿自己大权旁落,也要给予别人舞台。这就是他"人道"的体现。

我在同企业家交流的时候,也经常提倡坚持"人道"文化,摒弃"狼性"文化。因为只有在"人道"文化的企业里,员工得到尊敬,特长得到发挥,价值得到实现,这样的企业才称得上是幸福企业。

第二节 幸福文化:企业文化的制高点

随着世界经济一体化趋势的不断加强,企业竞争日益激烈。为了使企业在竞争中赢得生存和发展,企业不仅在技术、规模等硬实力上展开角逐,而且倍加关注企业品牌、文化等企业软实力建设。世界管理大师彼得·德鲁克在其所著的《卓越的管理者》一书中提到:"明天的商业竞争与其说是技术上的挑战,还不如说是文化上的挑战。"企业文化的建设越来越被人们重视,同时企业文化也逐渐成为企业能否健康发展的关键。

那么,什么样的企业文化才能促进企业健康长久地发展呢?我认为是幸福文化,它既是企业文化的出发点,也是制高点。

1. 幸福文化的"金字塔"

关于企业文化的研究,学术界有众多流派,在企业文化的概念界定上,也有不同的认识和表述。综合众多流派的观点,我认为,企业文化就是企业的行为方式和组织情商。企业文化的核心内容是企业的价值观、行为准则、经营理念、企业精神等,企业的规章制度、行为规范、视觉系统是企业文化的固化部分,是企业文化的物化形式。

我对幸福企业的定义是"能够满足员工(包括老板)不断增长的幸福需要的企业",那么,幸福企业所倡导和追求的企业文化就是幸福文化,或者可以说,**幸福文化就是以幸福最大化作为企业终极目标的企业文化,其主题是幸福**,精髓是"以人为本"。

从定义中可以看出,幸福文化的实质是追求幸福最大化。幸福企业所有的活动都是围绕人的幸福感而展开的,这里所指的"人"不仅包括企业的全体员工,也包括企业的股东和客户,同是还包括企业在履行社会责任的过程中所辐射到的人群。SK集团企业文化的核心就是追求幸福最大化。在他们的办公区,到处都有篮球场、高尔夫球场、健身房等人性化的设施,集团甚至还专门雇人帮员工停车,不但使员工节约了时间,还得到了尊敬,心情愉悦。SK集团特有的"幸福文化"吸引了众多优秀人才的加盟。

幸福文化的体现形式可以表现为幸福物质、幸福行为、幸福制度和幸福精神等四个层面,可以形象描述为一个金字塔形,如图3所示。

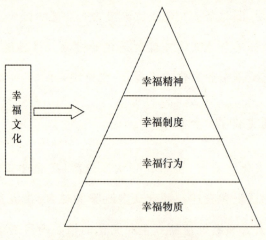

图3 幸福文化的金字塔结构

具体来看,幸福文化的四种体现形式为:

幸福物质 主要是指幸福企业用心创造的产品、服务以及企业为了提升员工幸福感而提供的各种物质设施等,是企业文化的物态表现。一个拥有强大幸福文化的幸福企业,不但追求产品和服务的高质量,同时也为员工创造一个最惬意的工作环境。

谷歌创造了非常著名的员工食堂,为员工提供美味的免费餐饮,成为员工幸福感的重要来源;史玉柱自掏腰包在上海松江园区为员工建造了庞大家园,员工们称之为"巨人家园",在这里,员工们可以享受几乎全面的生活服务以及园区内的各类生活休闲设施,如堪称星级的影院、酒吧、桑拿房、体育馆、游泳馆和健身室等,松江园区的建造极大地提升了员工的幸福感和归属感。

幸福行为 主要是指幸福企业的员工在生产经营、学习娱乐活动中所表现的各种行为。幸福企业提倡的幸福行为,就是企业内部互帮互助、团结友爱、微笑赞美的良好氛围,以及员工在幸福文化的感召下热情高涨、快乐工作、不断创新的良好表现。

天九幸福集团在建设幸福文化的过程中就十分重视行为文化的建设。为了鼓励员工的创新行为,企业设立创新大奖,用于奖励矢志创新的员工和在创新上做出贡献的员工。2011年,还对在创新中做出突出贡献的员工奖励了汽车。

幸福制度 是企业为了提升员工幸福感、促进企业实现幸福最大化而采取的组织机构、领导体制和管理制度等。在幸福文化的推动下,企业的管理制度处处体现人性化特点。

在天九幸福集团中,幸福制度的最好体现就是员工终身制。集团将那些工作表现优异的员工晋升为终身员工,这些员工享受诸多优厚待遇,如终身就业;优先晋升权;子女学费报销;父母孝心红包;配偶生活补贴;子女节日红包等。"终身员工制度"提升员工的职业安全感,为员工解决了后顾之忧。终身员工们在获得企业的保障之后,总是能够更加积极地工作,发挥更大的能量,回馈企业,助力企业发展。

幸福精神　核心内容包括幸福企业的经营理念、价值观念等,是整个幸福文化体系的核心。具体来说,幸福精神包括产业报国的企业胸怀、以人为本的企业精神、至诚至信的企业道德、自主创新的企业准则、贴近客户的企业宗旨、用爱经营的企业方针等等。我们企业的精神是"超越优秀、拒绝平庸",这是我们能够创造众多中国第一、世界第一的核动力。幸福精神对幸福企业建设尤为重要,唯有卓越的企业精神才能指引企业持续、健康发展。

2. 幸福文化:企业文化的起点与制高点

人生就是一个追求幸福,享受幸福的过程,幸福是所有企业及其员工奋斗的起点,也是终点。我从多年对国内外数百家企业的考察中发现,以人为本的幸福文化能凝聚人才,形成非凡的驱动力,不断创造出商业的奇迹。所以我认为,幸福文化既是企业文化的出发点,也是企业文化的制高点,是企业文化的"珠峰"。

从人的方面来讲,幸福文化能对员工产生巨大的推动作用。

第一,幸福文化能引导员工思想。在我们天九幸福集团,慈善公益中心每天上班时都会给员工发一个叫"三一元"的精神产品,它图文并茂,包含很多名言警句、积极向上的故事,让员工每天看了之后都充满激情地开始工作，这种幸福文化就对员工的思想起到了积极的引导作用。幸福文化满足了企业员工追求幸福的共同意愿，因此容易得到员工的认同，从而对员工起到积极的引导作用。

第二，幸福文化激发员工热情。有研究发现，人在无激励情况下只能发挥其自身能力的10%—30%，在物质激励的情况下，能够发挥自身能力的50%—60%，而如果能够得到恰当的精神激励，就能将其能力发挥到80%—100%。

幸福文化倡导以人为本的价值观，关注人的全面发展，使员工不仅看到企业存在的意义和发展的前景，更看到了自身的责任和价值，因此会自觉地产生一种崇高的使命感，进而以积极的态度自觉地为企业的发展和实现自身的价值而努力。为激励员工，我在天九幸福集团创建了愿景激励、机制激励和过程激励三位一体的高效激励体系。这一体系是天九幸福集团幸福文化的重要组成部分，实践证明它对于提高员工的工作热情具有巨大的促进作用。

第三，幸福文化凝聚员工力量。幸福文化致力于解决企业内部一切不幸福、不和谐的问题，这些不幸福、不和谐问题的解决能让员工感受到集体的温暖，强化员工的集体意识，有效增强企业的凝聚力。

第四，幸福文化约束员工行为。人都有惰性，长时间去做一件事情，会感到疲乏，失去动力，甚至变得麻木。不仅如此，当遇到困难时，人也会本能地拒绝接受激励和挑战，可以说人的惰性是与生俱来的。如果不对人的行为加以适当约束，就可能滑向堕落的深渊，企业员工也是如此。幸福文化的建设能够很好地解决这个问题，因为对员工幸福需求的满足能够让员工永远保持高涨的工作积极性。

有这样一种说法：鸡蛋，从外打破是食物，从内打破是生命；人生亦是，从外打破是压力，从内打破是成长。如果你等待别人从外打破你，那么你注定会成为别人的食物；如果能让自己从内打破，那么你会发现自己的成长相当于一种重生。很通俗的比喻，却道出了深刻的道理，一个人只有发自内心地想要去成长，才能有最好的效果。我认为，如果每个员工是一颗鸡蛋，幸福文化正是那催化鸡蛋从内打破的一股力量。如果一个企业的员工都能够自发地成长，不断超越自己，企业的未来怎会不光明？

第三节　幸福企业：新旧商业文明的分水岭

在人类社会中，商业文明的历史源远流长。从人类先祖简单的物物交换，到货币媒介的流通，从资本主义萌芽时期近现代商业文明的初露峥嵘，到20世纪初以来生产、流通、交易的大繁荣，商业文明的历史经过数千年的积淀，历尽沧桑，底蕴深厚。但是，随着时代的发展，新的生产、生活方式的影响，以往商业模式的弊端促使世界各国在不断思考着新商业文明的形式与内涵。在新商业文明的构建中，"以人为本"、追求幸福最大化的幸福企业是新旧商业文明的一道分水岭。

1. "利益最大化"的旧商业文明

我讲的旧商业文明，一般是指从资本主义萌芽时期开始的近现代商业文明。旧商业文明的理论基础是"经济人假设"。所谓的经济人，就是具有追求自身利益最大化理性动机的人。在这种商业文明下，每个人都追求个人利益最大化。这种商业文明最大的特点就是重视金钱、重视物质。不论是自由贸易的理论还是16—18世纪欧洲的重商主义传统,旧商业文明指导的商业勃兴为世界积累了巨大的财富。

20世纪初,美国著名的管理学家泰勒提出了科学管理的理论,主张科学地挑选工人,进行教育培训,通过科学的管理与组织,使每个工人都尽可能地发挥自己的最大工作能力。泰勒通过实验提出了"定额工作量"和"合理日工作量"的概念,并用计件工作制与员工工资挂钩,在当时提高了企业的效率。无独有偶,同样在20世纪初,美国的汽车巨头福特在汽车行业创造了流水线生产的模式。流水线生产通过细化的分工与标准化的组织管理提高了生产效率,为社会财富的积累作出了贡献。

旧的商业文明创造了巨大的财富,也为社会发展作出了巨大的贡献,但是,旧商业文明只注重提高生产力,而忽视改善生产关系,尤其缺乏对人的关怀,其弊端日渐凸显出。旧商业文明中重物轻人的这种状态与追求幸福生活的奋斗目标是不一致的,更与"以人为本"的理念相悖。因此,在旧商业文明引领的企业中,员工的幸福感的提高是很困难的,企业发展也因此而受阻。

2. "幸福最大化"的新商业文明

许多有识之士纷纷开始把眼光聚焦于商业中人的因素,思考着新的商业文明的价值观。新商业文明不仅仅是一种新的生产经营模式、新的管理方法,而且是一种新的价值观和新的生活方式。这种价值观是以人为本的而不是以物为本、以利润为本,是以员工幸福最大化为目标,以利润最大化为手段的企业发展新模式。为此,幸福的企业要致力于为员工提供更优美舒适的工作、生活环境,更好的福利待遇,更多的人性化关怀,更温馨和谐的企业氛围,使员工的幸福感提升,从而增加他们的归属感和忠诚度,激发他们的创造性,为企业的持续发展不断注入活力,从而实现效益的提高。幸福企业追求与实现的不仅仅是企业的发展,而是企业与员工的共同发展。

幸福企业改变了"以物为本"的商业发展模式,把对人的重视放在了首位。我国古代思想家孟子曾经讲过:"天时不如地利,地利不如人和。"幸福企业包含的价值观、管理方式与生活方式是与旧商业文明下的企业有着本质区别的。

3. 幸福企业使人类商业文明更加光彩夺目

纵观全球,卓越的企业往往是幸福的企业。苹果公司计划在美国加州库比蒂诺地区建立新的公司总部,新总部坐落于园林之中,环境优美,各种配套设施齐全,建筑的外形酷似飞船,预计2015年完工。在这样一种现代的甚至是科幻的环境内工作,本身就是对人的创造性的一种刺激,更重要的是,新总部的设计建造充分考虑了员工的要求,致力为员工打造幸福愉快的工作环境。

幸福企业追求幸福最大化,促进社会由经济GDP向幸福GDP转型。管理大师韦尔奇曾说过:"如果你想让列车时速再快一公里,也许只需要再增加区区10马力,但是你如果想让列车时速增加一倍,你就必须更换铁轨。"社会发展到今天,商业文明发展到今天,已经到了"更换铁轨"的时候了,这种更换改变的是企业管理与经济发展的思维,带来的是社会经济发展方式的转型,以及社会经济评价方式的转型。

对幸福的渴望在人们的心中是从来不会熄灭的。人人都希望着幸福的生活,每个企业也都在希冀着成为卓越的企业,幸福企业的建设是通过改善生产关系而提高生产力,使得人的愿景和企业发展的需要、商业发展的需要得以融合,可以预见,幸福企业将会使人类的商业文明更加光彩夺目。

第四节　幸福力才是企业的终极核心竞争力

幸福力就是满足员工幸福需要的能力。不同企业的核心竞争力是不一样的,但所有企业的终极核心竞争力只有一个,那就是幸福力。

1. 幸福力是企业竞争战略的最高层次

我经常听到很多企业家对我抱怨说:"我做企业做得真累,发展到现在,遇到了瓶颈,触到了天花板,下一步也不知道应该怎么走。"我认为创业阶段是"知易行难",因为迈出第一步不容易。而当企业做大以后,就是"知难行易",把握住企业的发展方向就更难,也更加重要。企业应当向什么层次进化,一是要了解你自己的企业正处在哪个层次,二是要知道企业的竞争战略有哪几个层次。

我总结了企业竞争战略的五个层次,依次是:低成本战略、差异化战略、集中化战略、联盟化战略和幸福力战略。前三个是传统通用的竞争战略,而后两个则是企业在全球化充分竞争时代所需要的更高层次的竞争战略。

- **价格取胜:低成本战略**

早期的企业之间主要是靠这种方式进行竞争,这也很容易理解,低成本战略无非是压低成本,取得价格竞争优势。

低成本战略在早期是很有效的,但是时至今日,这种战略越来越显得不足,反而还会造成产品质量上不去,产品流于同质化,单纯的价格战也势必会把企业拖入"红海"之中,简单把员工等同于生产资料,造成员工流失量大,反而使得企业越来越丧失竞争力。

随着"人口红利"的消失,中国企业的低成本战已难以为继。所以说低成本是竞争战略中最低的一个层次。

- **准确定位:差异化战略**

当到了产品过剩,市场趋于饱和的时代,差异化战略又成了企业常用的竞争手段。差异化战略是指企业根据市场需求提供独特的、与众不同、别具一格的产品和服务,在行业中找准定位,用多种途径创造企业与竞争对手之间的差异。

这种差异化可分四种:产品差异化,品牌差异化,市场差异化,服务差异化。差异化战略之所以会行之有效,是因为差异化会给产品带来一些附加价值,比如产品外观和功能的独特性、品牌的依赖性特质、特定人群的归属感、服务的个性化等等,这种差异化往往是竞争对手不具备的,所以也削弱了客户的讨价还价能力,甚至会增加客户的依赖度。

差异化战略是一种行之有效的竞争战略。但是,差异化的优势是相对的,是暂时的,而且还会造成成本的增高,不利于长期占领大市场。这就是很多500强企业一夜之间垮掉的原因。

- **以专胜广:集中化战略**

在一个分工越来越细的今天,很难有企业可以达到通吃的水平,所以很多企业制订了集中化战略,做到人无我有、人有我精、人精我专,掌握主动权。市场细分,找到自己的目标客户群;打造自己产品和员工的专业化水平,提高产品和服务竞争力。这种竞争战略之下,很多企业赢得了行业的竞争优势,实现了专业化转型。

以专胜广的集中化战略,是企业在全球化充分竞争时代做大做强的必然选择。

- **资源共享:联盟化战略**

世界越来越平,全球化特点越来越明显,像我们中关村那么一个"村",世界五百强有 380 多家在这里落地,竞争可以说是无处不在。你和他们单挑能赢吗?我看很难,这个时候惟一制胜的手段就是联盟化。

联盟化就是一种基于优势互补、资源共享、合作共赢的经营方式。从价值链角度来讲,企业间的联盟不仅能够节约相互之间的交易费用,降低合作间的信用成本,而且可以通过获取联盟伙伴的互补性资源,扩大企业运用外部资源的边界,聚合彼此在不同价值链环节中的核心能力,通过合作创造价值。

联盟化还有一个优势就是降低风险,举一个例子,假如你有一亿元人民币,如果你单打独斗,把这一亿都投到一个项目上,而这个项目亏了、垮了,你也就破产了,资产变成零了。但是如果我们都共享一下,有很多项目的话,我们每个人都把这个一亿分成十份,每个项目投一千万,其实每个项目得到的还是一个亿的投资,但这是十个人投的,鸡蛋都没放在一个篮子里面,我们风险分散了。如果哪个项目遇到困难了,这么多人的资源集中起来再帮一把,这就是联盟化的优势。

如果你一个人独占一个企业,那么这个企业就是个人企业,以前叫作"个体户"。但如果分散了风险,变成多人持有,就变成了股份制企业,如果上市了,又变成了公众企业。股份制是现代企业制度最重要的魅力所在。我们世界杰出华商协会每年都举办上百次活动,目的就是让大家在这个开放式的平台上进行资源共享,实现联盟制胜。

以前要缔造一个庞大的企业需要几十年时间,但是实现了联盟化,就可以大大缩短这个时间。只要你拥有一个好的商业模式,能够实现快速复制,能够让更多的企业参与进来合作共赢,这就可以一夜暴富。联盟化可以战胜任何强大的对手。

据美国《幸福》杂志报道,20世纪90年代以来,美国国内及跨国性战略联盟每年以25%的速度增长,企业联盟化显示了旺盛的生命力和不可逆转的趋势。这只是企业联盟化发展的冰山一角,其他经济体,尤其是发展中国家的企业寻求联盟化发展的趋势更加迅猛。

- 以人为本:幸福力战略

刚才讲了企业竞争战略中的四个层次,那么最高层次是什么呢?就是幸福力。

现代企业管理认为,企业间的竞争归根结底是人才的竞争。因为一切资源、钱、技术什么都掌握在人才手里,你只要有人才,那就无所不能。想想看如果你能把天下的人才、奇才全都凝聚在自己身边的话,得人心者得天下,什么事会干不成呢?

人才的竞争就是人心争夺战。所有人心都是向着幸福的,所以企业打造幸福感的能力越强,企业的凝聚力也就越大。如果一个企业变成了凝聚人才的吸铁石,那就无所不能。这个吸铁石就是幸福力。

企业竞争战略的五个层次是递进的,同时多种战略也可以并行应用。低成本、差异化属于较低层次,集中化和联盟化属于中层次。幸福力是最高层次的竞争战略,也是一种全新的竞争思维模式。一般的企业容易实现前四个层次,但后一个层次的实现却需要企业家有更大的眼界和胸怀。

2. 幸福最大化才能利润最大化

对于企业来说,追逐利润是天经地义的,这是维持企业生存和发展的必备条件,那么建设幸福企业过程中,即使不投入多少资金,也需要耗费一定的精力,是否会影响到企业追逐利润呢?

我的结论正好相反,幸福最大化才能利润最大化。

管理大师德鲁克认为企业要思考三个问题:第一个问题,我们的企业是什么?第二个问题,我们的企业将是什么?第三个问题,我们的企业应该是什么?随着经济社会的不断发展,企业以利润最大化为首要目标的做法,也正在受到越来越多的质疑。我认为,利润最大化不是企业的最终目标,企业的终极目标应该是幸福最大化。利润最大化只是实现幸福最大化的核心手段,幸福最大化反过来又可以促进利润最大化,二者是相辅相成的。我们过去最大的错误是把目的与手段搞颠倒了,片面地强调手段,而忽视了目的。很多悲剧由此而生。

利润对企业很重要,这是毋庸置疑的,而且从纯经济学的角度来讲,企业的经营目标就是利润最大化。甚至有企业家提出了这样的观点,不赚钱的企业是不道德的。史玉柱认为,作为一个企业,追求利润是第一位的,否则就是在危害社会,他还用事实来论证,他说他的企业在1997年亏钱的时候,就给社会造成了很大危害,企业的损失转嫁给老百姓,转嫁给税务局,转嫁给社会,企业成了危害者。企业家的这些观点更加剧了利润最大化在人们心中的地位,企业追求利润最大化似乎成了天经地义的事情。

阿里巴巴集团董事局主席兼CEO马云有一个观点,我认为很好地表述了利润和企业的关系。他说,淘宝宣称不以赚钱为目的,并不代表支持淘宝上的中小企业也不以赚钱为目的,企业不赚钱是不道德的,但只为赚钱也是做不长久的。马云表示,淘宝将来是一定要收费的,但收费不是为了赚钱,而是为了淘宝的持久发展。淘宝建立之初并不是以赚钱为目的,以后也不是,但在实现帮助到更多中小企业这一目标后,自然就会赚钱了,赚钱只是一个结果。

闻名世界的兰德咨询公司对寿命长达500年的公司进行了20年的跟踪调查,得出的结论是,长寿企业都树立了超越利润的社会目标。在长寿企业的价值观中,人的价值高于物的价值。我认为这正是追求幸福最大化的另一种表达。

惠普前任CEO约翰·杨说,他们把核心价值观和务实分得很清楚,核心价值观不变,但务实的方法可以变。他还强调,利润虽然重要,却不是惠普存在的原因。惠普是为了更为基本的原因而存在的。默克公司成立100周年纪念时出版了一本书,名叫《价值观梦想:默克百年》,书名没有提到默克在做什么事,而是在强调过去百年自己一直是在由理想指引和激励的公司。他们一直相信,只要始终不忘药品旨在救人,不在求利,利润就会随之而来。

站在企业家的角度,我很能理解企业家们对于利润的高度关注,毕竟如果没有足够的利润,一个企业是很难生存的。而我要告诉大家的是,建设幸福企业不会损害企业利润,相反,幸福最大化还会带来利润最大化。

首先,身在幸福企业中的员工会视企业如家,产生一种强烈的主人翁意识。这种状态下的员工,会更加主动地工作,最大程度地提高工作效率。在此与大家分享一个小故事。

小李和小张同时应聘到一家超市工作,上班后,经理让小李、小张到市场上考察。

小李很快就从市场上回来了,他说只有一个卖土豆的。经理问土豆多少钱一斤,小李又跑去问。回来告诉经理一元一斤,经理又问有多少袋,小李再次跑去市场……

经理望着跑得气喘吁吁的小李,告诉他歇一会,看看小张是怎么做的。小张很快从集市回来了,他说:到现在为止,只有一个农民在卖土豆,有10袋,价格适中,质量很好,他带回几个让经理看看。这个农民过一会儿还将弄几筐西红柿上市,据他看,价格还公道,可以进一些货。这种价格的西红柿经理可能会要,所以他让农民一会儿送几个样品过来,农民马上就到了。不久之后,小张受到经理的青睐,一再被提拔,从领班、店长,一直到督导的位置。小李却像是被遗忘了一样,还在做着最底层的工作。

简单的故事告诉了我们一个深刻的道理,小张是以主人翁的心态在做事,所以能得到赏识,在事业上取得成功;而小李却是以打工者的心态,站在老板的对立面来做事的。心态决定了一个人的境界和层次,也决定着一个人的未来。二者对公司发展的贡献也就不言而喻了。

再者,幸福企业能够最大程度激发人的创新能力。创新是一个企业的灵魂,不能够持续创新的企业终究要被竞争对手打败。芬兰手机制造商诺基亚在2011年退出了市场,围绕该公司关店、裁员、股价疲软的消息不绝于耳,人们再也看不到诺基亚往日"优美的舞步"。诺基亚一时间引起网友的普遍关注,潘石屹也在其微博上表示:"谁不创新,谁就得死。"

幸福企业的员工还会主动为公司节约成本,主动为公司防范风险,主动为公司整合资源,等等。总之,老板只要把员工当家人,员工就会以公司为家,就会把公司的事当自己的事。一个企业,还有什么比这更好的激励手段呢?

3. 幸福力是企业长寿的根本保障

当今世界上最长寿的企业是创办于公元 578 年的日本大阪寺庙建筑企业——金刚组。金刚组从柳重光创办以来,已传 40 余代,历时 1400 余年,可谓是真正的健康长寿,那么金刚组屹立千年的秘诀是什么呢?

金刚组以建造寺庙建筑为业,在日本广造寺庙积下众多功德,日本上至天皇下至平民百姓都对其礼敬有加。柳重光家族在建造寺庙的过程中,一直坚守着"弘扬仁德,从善好助,追求和谐"的企业文化。企业还打造了一种竞争合作、相互信赖的组织模式,为员工的发展创造了良好的工作环境,这种模式使得企业历经千年依然保持活力。

不管是打造和谐的企业文化,还是打造良性的组织模式,其实都是打造企业幸福力的具体举措。正是由于柳重光家族在这些方面的卓越表现,使得金刚组企业拥有了强大的幸福力,形成了其长久闪耀在历史长河中的根本保障。

如何建设幸福企业？

> **如**何建设幸福企业？这是我在本书中要讲的重点。实际上，在建设幸福企业方面，国内外已经有很多企业做了有益的尝试，并且取得了良好的效果。然而，中国很多中小企业却对建设幸福企业望而却步。其实，问题出在他们不懂得如何建设幸福企业。
>
> 建设幸福企业，就是要落实我前面讲的幸福企业五项指标，**即快乐工作、共同富裕、共同发展、受人尊敬、健康长寿。**

第一章

营造快乐工作的氛围

根据自己近20多年经营企业的经历以及与众多企业家接触交流的体会,我认为经营企业的最高境界就是建设幸福企业。而建设幸福企业的起点就是让员工能身心愉悦地快乐工作。因为一个人一生中最黄金的时段都在工作,如果工作不快乐,幸福会大打折扣。快乐是幸福的源泉,一个幸福的企业必定是快乐的企业,只有快乐的企业才能谈得上是幸福企业。

第一节　创建快乐工作的文化

如果员工带着负面情绪工作,他的工作效率能高吗?作为企业的老板,我们都希望员工能够全身心地投入到工作当中,但员工是一个人,他不可避免地会有自己的喜怒哀乐,加之生活在当下这个社会中,人们正面临着来自各方面的越来越大的压力,所以,企业很有必要引导员工去快乐工作。

员工的快乐来自于哪里呢?如果一个企业内部钩心斗角,大家见面没有任何微笑,员工很难快乐,所以氛围非常重要,尤其是我们中国人,特别在乎这种感觉。这种感觉最直观的体现就是,员工一进入公司,能否融入团队,能否感受到和谐友爱。那么,如何才能创建和谐友爱的快乐工作文化呢?我讲讲自己这些年在企业管理实践中的感悟和体会。

1. 引导员工将工作当成一种乐趣

在管理企业的过程中,我经常听到一些员工抱怨工作是多么无聊、没劲,甚至厌烦,实际上,把工作看做是负担的员工比例相当之高。在这里,我先讲这样一则故事:

某火车制造厂有一个旋车工叫萨姆尔·沃克莱,他每天的工作就是旋螺丝钉。日复一日,这单调乏味的工作让他感到很郁闷。于是,他多次找到厂长要求调换工种,甚至想过要辞职,但都没有实现。无奈之下,他心想,怎么才能让工作变得充满乐趣呢?一番思考之后,他决定和工友比赛谁做得快。果然,旋螺丝钉的工作一下子变得很有趣,同时,工作效率也得到了大大提高。不久之后,萨姆尔·沃克莱和他的工友都被提拔到了新的工作岗位上。萨姆尔·沃克莱继续发挥这种快乐工作的精神,最后竟然成为了该火车制造厂的厂长。

故事里的这位主人公,把原本让他深感枯燥的工作转化成为一种乐趣之后,不仅收获了好心情,还赢得了事业上的成功,可谓一举两得,足见快乐工作的价值。

在我们整个人生当中,工作是非常重要的一个部分,人这一生要花在工作上的时间占据整个生命的三分之一。而且,随着社会的发展,工作在现代人生活中的分量越来越重,甚至成为评测一个人成功与否的重要准则。在这种情况下,如果工作得不快乐,我们失去的可能不只是一个好心情,而是整个人生的精彩。人生没有回头路,也没有彩排,天天都是现场直播,唯有好好珍惜当下,快乐工作,才会拥有幸福的人生。

我经营管理公司这么多年,也总结了一些帮助员工快乐工作的方法,在这里和大家分享。

第一,微笑管理缓压力。一般人觉得,管理都是指令、约束,甚至批评、斥责,让人联想到非常严肃,甚至是冰冷的面孔。其实很多时候我们忘记了,管理的目的是让人做好工作,员工作为一个人,更需要领导的微笑管理。我的行政秘书是一位漂亮的俄罗斯女孩,在我身边工作三年多了,我没有批评过她一次,偶尔表扬她一次,她会感动得哭,我们之间一直是微笑相对。几年下来,她工作干得非常出色,在无记名投票中还被评为了集团的"十佳员工"。

微笑管理能够带给员工信心和尊重,让员工有更大的热情和信心去做好工作。特别是在员工工作压力比较大的情况下,难免有一些紧张、焦虑情绪,这时候领导的一个真诚的微笑就是对他们最大的鼓励和肯定。

第二,目标管理享成就。目标是成功的起点,如果没有目标,一天工作结束时,更多感到的是一种疲倦感,而不是成就感。让员工制定每月、每周,甚至每天的工作目标,这非常重要,而且,目标会产生一种拉力,激发员工工作的主动性。有个故事讲到,一个老企业家问儿子,怎么做管理?老企业家拿了一根绳子放在桌上,让儿子往前推这根绳子。儿子一推,绳子就弯了,怎么都无法前进。这时候老企业家告诉儿子,你从前面一拉就好了。儿子一拉,绳子果然前进得很快。道理很简单,管理者如果逼迫着员工去工作,效率很低,而如果引导员工设立目标,用目标来激励员工前进,效果则非常明显。

如果每个员工每年、每月、每周、每天都有一个目标,并且主动去实现,整个企业前进的速度还会慢吗?我相信这样的企业是最有效率也是最有生命力的企业。

第三,心态管理创双赢。面对工作不快乐的现状,很多员工会选择抱怨,其实抱怨有什么意义?不过是浪费时间。一方面自己感到很难受,同时工作上进展也不大,更难以借此升职加薪,可谓得不偿失。所以,引导员工树立一个积极向上的心态非常重要,很多时候,只要能够积极把当下的事情做好,就能顺理成章地登上一个新的台阶。

新东方文化发展研究院院长徐小平说,要打败工作中的不快乐,就要发挥传统的"黄牛精神"。我觉得很有道理,梦想可以很远大,但一定要脚踏实地,任何一项工作都有其价值,只有用黄牛精神取代不快乐的情绪,才能在收获快乐的同时收获工作上的成功,正如前面故事中的旋车工萨姆尔·沃克莱。

"工作"用英语说是"Job",把这个单词分解开,我们会看到一个关于快乐的全新解释,JOY(快乐)、O = OFFICE(办公室)、B = BEST(最好),意思就是说把工作做到最好就是快乐的。

英国作家、批评家罗斯·金也表达了同样的观点,他说:"只有通过工作,才能保证精神的健康;在工作中进行思考,工作才是件快乐的事情。两者密不可分。"面对一个最平凡的工作,如果我们能够怀着满腔的热忱去做,也能成为最伟大的艺术家,相反,即使面对最不平凡的工作,如果抱以冷淡甚至厌烦的态度,恐怕也只能成为一个失败者。

当然，要引导员工快乐工作，首先自己要成为一个快乐工作的老板，这样才能感染和引领全公司的员工一起向着快乐前进。

2. 先处理心情，后处理事情

人都有心情不好的时候，这个时候很容易做出冲动决定，也很容易犯错。员工在工作的过程中，也难免会受到坏心情的困扰而影响工作，我们作为企业的管理者，此时最要紧的工作不是斥责，而是帮助员工"先处理好心情，再处理事情"。殊不知，不处理好心情就处理事情的代价是巨大的。

有一个尚未成名的歌手，他把自己录制好的录音带满怀信心地寄给了一位知名的制作人，然后日夜守候在电话旁边等候音信。第一天，他因为满怀期待，心情很好，遇到谁都是和颜悦色，并大谈人生抱负。到了第17天，他觉得希望可能要落空了，心情很糟，胡乱骂人。到了第37天，觉得前程未卜，一声不吭。在第57天的时候，他觉得彻底没希望了，心情糟糕到了极点，碰巧这时候电话响了，他拿起来就骂人。而这个电话，正是那个知名的音乐制作人打来的。

如果能够处理好自己的心情，他原本可以处理好这个电话，原本可以成为歌坛上一颗璀璨的新星，可是，因为没有处理好自己的心情，他断送了自己的前程。我们的员工在接听客户电话的过程中，如果不能先处理好心情，很可能会犯同样的错误，企业也将蒙受损失，所以说，帮助员工先处理心情，后处理事情，这对于企业非常重要。

这一观点已经得到了心理学的支持，美国心理学家丹尼尔认为，一个人的成功只有20%是依靠IQ（智商），而80%要依靠EQ（情商）。他说，情绪会干扰人的注意力,会降低人脑处理信息的效率和准确性,因此,只有懂得驾驭和管理自己心情的人,才能在工作中有最出色的表现。可是,人的心情和工作效率之间到底是怎样一种关系呢?

国外心理学家曾经做过这样一个实验,他们通过停止供应食物给黑猩猩一段时间,观察黑猩猩用工具获取食物的成功率。结果表明,停止供应食物的时间在6小时以内,或者超过24小时,黑猩猩的获取食物的成功率都很低,成功率最高的时候是在停止供应食物6—24小时以内。心理学家解释说,因为在适度饥饿的时候,黑猩猩的注意力最集中,所以成功率很高,而在不太饥饿和过度饥饿的状态下,黑猩猩的注意力都比较发散。

从这个实验中可以看到,情绪的状态,也即心情,跟解决问题的效率之间存在的关系是类似抛物线形式的,情绪低落和情绪过于高涨时,工作效率都比较低,只有当情绪既积极振奋又不乏镇定从容的情况下,工作效率才是最高的。可能有人会提出异议,人和动物能一样吗?其实,早就有心理学家在人群中做过类似的调查分析。美国心理学家赫布,曾就情绪唤醒水平和操作效率的关系进行过调查,得到的统计分析结果是:人刚刚从睡眠中醒过来的时候,操作效率很低;中等水平时效率最高;而高水平的情绪唤醒反而会导致效率的下降。所以,对于提高工作效率而言的所谓"最好的心情",衡量标准不应是高涨或低落,而是平静的程度,最平静的心情才是最有助于提高工作效率的"好"心情。我认为,通常情况下,心情和工作效率之间会呈现出如图4所示的关系:

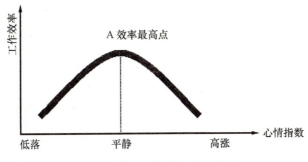

图4　心情和工作效率之间关系

从上面的图中可以看出，人在心情最平静的状态下工作效率最高，心情过于低落或者过于高涨，都会导致工作效率的较低。当然，这只是针对一般情况，对于某些特殊的工作，则可能表现出不同的相关关系，比如作家，可能在心情悲伤的时候灵感涌现，写作效率也随之大大提高。

但不论怎样，有一点是毋庸置疑的，处理好心情是为处理事情做准备，是事情能否处理好的前提条件。下面这个故事会让我们更加确信处理好心情的重要性。

三国演义中有一个故事叫做"诸葛亮七擒孟获"，故事中的孟获便是一个因为心情失控遭遇失败的人。他一心要想打败诸葛亮，被焦躁、自负等情绪主导了内心，所以连续7次被诸葛亮轻松拿获。相反，司马懿却是善于先处理心情，后处理事情的人。诸葛亮和司马懿祁山交战，诸葛亮因为长途跋涉，想要速战速决，而司马懿却坚壁不出。诸葛亮无计可施，最后送一套女装给司马懿，羞辱他是小女子是也，古人以男人自尊，特别是在军旅。如果是一般人，肯定接受不了这样的羞辱。而司马懿却落落大方地接受了诸葛亮的女儿装，情绪上并无任何影响，还是坚壁不出。所以司马懿成了三国中最终的赢家。

员工作为企业的一分子，如果不能在处理事情之前处理好自己的心情,可能会伤害到企业的一些客户,同时也对公司的利益和声誉带来负面影响。但这只是局部的,我们作为企业的管理者,甚至是头号领导者,如果不能处理好自己的心情,对公司造成的影响就可能是毁灭性的。

有这样一句充满哲理的话,"别在喜悦时许下承诺,别在忧伤时做出回答,别在愤怒时做出决定,三思而后行,做出睿智的行为"。我一直都相信,成功最大的敌人不是我们的竞争对手,而是对自己心情的调控能力。只有改变心情,才能改变现状,才能走向成功。

3. "五多五少"快乐管理法

我们企业家在管理企业的过程中,在引导员工快乐工作之外,如果还能够对员工做到"五多五少",企业一定能营造一个和谐快乐的氛围。何谓"五多五少"呢?这指的是我们企业家应该对员工持有的态度。

第一个,多赞美,少批评。对人来讲,有两样东西比金钱和生命更为重要,那就是认可与赞美。我在报纸上看到过一个发生在韩国的真实案例:

> 一家韩国公司的金库遭到歹徒抢劫。歹徒抢劫的时候周围人都吓傻了,只有一个扫地的老太太奋不顾身冲上前去,跟那个歹徒搏斗。老太太挨了歹徒一刀,最后大家一哄而上把那个歹徒制服了。在表彰会上,公司总经理就感到很纳闷,问这个老太太,你当时是哪儿来的勇气?这个老太太说,我的勇气是来自于您。当您每次遇到我扫地的时候,您都会说一句"扫得真干净,辛苦了!"扫地这个工作太普通了,大家不在意很正常,您作为总经理,这么高的身份,能够在意认可我的劳动,我就感觉到我

要死心塌地地为这个公司工作。在公司遇到任何困难的时候，我都愿意奋不顾身贡献自己的力量。

这个故事足以说明，赞美的力量是巨大的。但很遗憾，有调查数据显示，五成以上的企业主管从不表扬下属，员工对此颇有怨言。同时，这也成为员工流失的重要原因之一，仅次于薪酬。很多企业管理者习惯性地认为，你做得好，这是你的责任和义务，没必要表扬。而员工则不这样想，我做得好就应该得到表扬。针对这一现状，有人提出了一个很特别的职场减压法：求求你，表扬我！看来，我们企业家真的要好好反思和改进了。

第二，多奖励，少惩罚。 为了有效推动集团业务的发展，我们天九集团决定扩大奖励范围，让更多的人得到奖励，推出了富有特色的《三清绩效管理法》。每月考评下来，80%以上的员工都会得奖励。

惩罚绝对不是我们的目的，它只是一种威慑的手段而已。如果你的公司没有一个人被惩罚，那是最好的公司。当然，如果有人违反了公司的规章制度，一定要按照规定坚决执行，维护公司制度的权威。我一向主张慈母般的关怀，钢铁般的纪律。但更重要的还是制定制度奖励大家。你希望员工做什么，你就去奖励他什么，这就像一个指挥棒，它的引导作用十分巨大。

怎么惩罚呢？举个例子，开会迟到了，我们设一个快乐基金，你迟到一分钟就自觉交100元快乐基金，作为与会者的福利。我们带企业家团出国也是这样，很多人担心企业家以及企业家的夫人们不守纪律。但我通过设立快乐基金的方法很好地处理了这个问题。我首先宣布迟到的要交快乐基金，给大家买水果，增加集体福利，每迟到一分钟交100美元，一般第一次都会有人迟到，当我兑现了第一个快乐基金之后，一般就不会有第二个迟到的了。

第三,多指导,少指责。员工如果有些事情做错了,做得不好,我想绝大部分员工都不是主观故意,而是能力的原因。在这种情况下,我们给员工一些耐心的指导,远比去骂他一顿效果要好。我考察企业的时候,发现很多老板已经习惯了当着客人的面骂员工,这种行为是非常不可取的。密室里的批评、当众的表扬,这是一个基本的管理原则。

美国《实验社会心理学》杂志刊登了这样一项研究结果,说领导经常指责下属会对企业产生一种不易察觉但却具有毁灭性的影响。员工一旦犯错,领导不问青红皂白,就一顿斥责,这倒是解了领导者的"心头之气",但长此以往,员工就会因为担心犯错而不敢尝试,企业就会变得缺乏创新精神。

我一直坚持认为,在员工已经知错的情况下,与其批评他,不如安慰他,这会让他很感动,更会让他成长和奋进。

第四,多欣赏,少挑剔。威廉·詹姆斯说:"人性中最深切的心理动机,是被别人赏识的渴望。"一个人能够得到别人的欣赏,就如同汲取了一股巨大的力量,从而能够在最大的程度上开发出自身的潜力。有这样一个故事,多年来一直深深感动着我。

> 有一位妈妈参加家长会,幼儿园的老师对她说:"你的儿子有多动症,在椅子上连三分钟都坐不住,你最好带他去医院看看!"老师的语气中充满了不屑。回家的路上,儿子问妈妈老师说了些什么,这位妈妈内心一酸,但她坚定地告诉儿子:"老师说你很棒,原来只能在椅子上坐1分钟,现在能做3分钟了!"儿子高兴地奔跑着。

上小学后,在一次家长会上,老师对这位妈妈说:"全班50人,你儿子考了40名,我们怀疑他智力上有些障碍,你最好带他去医院看看。"回家的路上,这位妈妈流下了眼泪,但回到家她却对儿子说:"老师对你充满信心,只要你细心些,就能超过你的同桌,这次你的同桌排在21名。"儿子沮丧的脸上一下子布满了阳光,第二天上学,去得比平时都要早。

在儿子升入初中后的一次家长会上,这位妈妈一直在等着老师批评儿子,但直到家长会结束,都没有听到儿子的名字。她有些不习惯,会后特意去问老师,老师告诉她:"以你儿子现在的成绩,考重点高中有点危险。"她怀着无比喜悦的心情走出校门,回家对儿子说:"老师对你很有信心,说你只要再努力一些,很有希望考上重点高中。"

很快,儿子高中毕业了,录取儿子的学校叫清华大学。儿子对妈妈说:"我知道,我不是一个聪明的孩子,但是有你一直欣赏着我,我才有了那么多的动力。"

我一直认为,一个优秀的企业管理者不应该仅仅是一个"领导者",运用自己的权力去命令别人,而应该学会以欣赏的眼光去看待员工,鼓励员工,培养员工,就像故事中的这位妈妈一样。

其实对于老板来说,成全员工也就是成全自己的事业,历史上大凡是成就了一番事业的人,都是胸怀坦荡的人,正是因为有宽广的胸怀,他们习惯于以欣赏的眼光看待人才,发现人才,才让人才为自己所用。

第五,多感恩,少抱怨。老板要感恩自己的员工?这似乎很荒谬,通常而言,老板都觉得员工应该对自己和企业感恩,因为是企业给了他们赚钱养家和实现自我价值的机会。在这一思想的主导下,"感恩"一度成为了很多企业的企业文化。我倒觉得感恩是双向的,我们企业家也要学会感恩员工。

松下幸之助曾说过,管理者必须同时兼任端菜的工作。当然,他的意思并不是让管理者真的去端菜盘子,而是说管理者应该持有一种感恩的态度,特别是对表现出色的员工。只有心怀感激,才能在行动中表达出对员工充分的尊重,从而在让员工快乐工作的同时,也赢得员工对企业的忠诚。

英国作家萨克雷说:"生活就是一面镜子,你笑,它也笑;你哭,它也哭。"如果我们对生活抱以感恩的态度,生活也将回报我们以阳光,如果我们只知道抱怨生活,生活也将以冰冷的态度回应我们。我们作为企业的管理者,应该以身作则,用自己的感恩之心去感化员工,从而让企业建立一种感恩文化,这对于快乐工作的目标将产生巨大推动作用。

福建盼盼食品集团有限公司作为国内休闲食品行业的领军品牌,在同行们纷纷面临人才瓶颈的情况下,却靠着自己的快乐文化吸引了大批人才,正是得益于盼盼食品一向秉持的"快乐盼盼,欢乐家庭"的理念。

第二节 创建快乐工作的机制

企业创建快乐工作的文化,给予员工的更多是一种精神上的鼓励和引导,督促员工向快乐工作转型。但是,只有文化还不够,企业还要建立快乐工作的机制,才能让员工的快乐工作得到真正有效的保证。

在我们天九集团,已经围绕选拔人才、奖惩机制和竞争机制等很多方面,建立了相应的保证员工快乐工作的机制,实践证明,这些机制都是非常有效的。

1. 任人唯贤,公平竞争

企业管理主要是管人,而管人的关键首先在于用人。任人唯贤,就是重用德才兼备的人。管理大师德鲁克曾经说过,在任命管理人员,特别是高层管理人员时,再怎么强调人的品德也不过分。我觉得很有道理,除非管理层希望某个人的品质成为他的所有下属学习的典范,否则就不应该提拔这个人。"亲贤臣,远小人,此先汉所以兴隆也;亲小人,远贤臣,此后汉所以倾颓也。"治国是这样的道理,管理企业也是一样的道理。企业用人是否得当关系到企业的成败。

实际上,在一个任人唯亲的企业里,很多有才能的人因为受到排挤、冷落会选择离开,这对企业来说是很大的损失。

除了任人唯贤,还要为人才创造一个公平竞争的环境。有分析调查表明,影响人们幸福感的一个重要因素就是社会的不公平。国家收入分配不公,社会缺少公平正义等等,甚至有人认为,不公平是人民不幸福的主要甚至是根本原因。人们可能可以接受自己的现状较别人处于不利的位置,因为现状的产生是多种因素综合导致的结果。但是大家都很难接受作为平等的公民自己却没有平等的机会。因为机会不公平,不管自己怎么努力可能都无法成功。

企业经营也是如此,员工非常重视企业能否给自己一个公平的成长发展机会。如果企业对待所有员工都一视同仁,全体员工都是在同一的标准和条件下接受评判,员工的成长和发展都是各自独立地承担竞争结果,实行优胜劣汰,那么员工的积极性就能得到充分的调动,使得员工能够不断地完善自我、挑战自我,为实现个人的价值而付出不懈的努力;相反,如果企业没有一个公平竞争的机制,企业家和管理者在选拔人才时任人唯亲,员工的发展和晋升不是和员工的努力与业绩成正比,不仅员工的工作积极性会受到极大影响,最重要的是员工将享受不到任何工作的幸福感,企业的经营业绩和发展也会受挫。给员工搭建一个公平的"擂台",让员工在"擂台"上公平竞争,以此提升员工的工作积极性和工作的幸福感是十分重要的。

我给大家举一个非常有名的例子——青岛海尔集团的公平竞争机制。青岛海尔集团年度全球营业额1998年为168亿元,2003年猛增到806亿元,5年时间增长了将近5倍。海尔成功的奥秘在哪里?海尔是怎样"炼"成的?海尔董事长张瑞敏在回答记者提问时阐释了许多经营秘诀和管理之道,但其中至关重要的一条就是"公平+竞争+择优"。海尔对干部有个"1010"原则,每年10%的人是大家学习的榜样,10%的人要被淘汰掉。2004年在集团直接管理的70多名干部中,一年就有10个下岗或被降职。原因很简单,他们是竞争上来的,只能证明是上届"全运会"的胜出者,这届你必须参加竞争,如果有人做得比你好,那么你必须下岗。2004年初,他们重奖了2003年度集团十大功臣,个个都是各部门各岗位的顶尖人物。海尔成功的经验证明,企业要生存发展,要创造辉煌,必须建立公平竞争的选人用人机制。

其实,公平竞争的选人用人机制不仅仅能为企业创造业绩提供坚实保障,还有另一个非常重要的作用就是,能够增加企业员工的幸福感,使企业员工实现快乐工作。因为公平竞争的机制,关乎员工个人的职业发展前景。如果企业选人用人不是在竞争的基础上公平的进行,不是采用同一个标准,同一个条件,而是根据管理者个人的意志和喜好进行,这对于那些工作积极性高,工作业绩突出,却没有获得相应待遇和机会的员工来说无疑是一个重大的打击。长此以往,会严重阻碍企业的发展。所以说,一个企业是否拥有一个公平竞争的机制,是否能够为员工提供一个公平竞争的平台是企业能否创建快乐工作机制的重要因素。

那么什么是公平竞争机制呢?公平竞争机制包括人才培养机制、竞争机制与干预机制。尽量选拔内部人才,让员工看到职业发展的前景,不仅有助于使员工在工作中产生更大的动力,还能够给员工的家庭以信心,并获得员工家属支持。竞争要公平、公正、公开,不能搞三亲六戚、"山头主义",而对于岗位长期不变化、培训长期不参与、绩效长期不改进者,人力资源部门应进行干预。

在我们天九集团的发展中,我非常注意为员工提供公平竞争的平台。虽然在集团中有很多我的亲人、朋友,但是他们的发展机会和普通员工是一样的。这一切都是有机制保证的。我有一个清醒的认识,假如我为自己的亲人朋友放宽晋升发展的条件,不仅会让他们失去在实践中真正锻炼自己的机会,助长他们不切实际的作风,让他们不能真正形成自己的竞争力,严重影响其个人发展,更重要的是这可能会使得企业蒙受重大损失,让企业不能选择更加合适的人才,限制企业的发展。我积累的经验告诉我,为了企业的发展,特别是为了实现员工的快乐工作,必须实施公平竞争机制。

公平竞争机制是科学的选人用人机制。公正、公平、竞争、择优选用人才,能够最大限度地利用人、岗两种资源,能够有效地激发各类人才的工作主动性和创造性,为企业的发展注入新的生机和活力。更重要的是,实施公平竞争,为员工搭建一个公平竞争的"擂台",能使员工真正感受到工作的快乐,感受到为了企业愿景奋斗的快乐,进而真正实现快乐工作。

2. 多劳多得,奖罚分明

如果员工取得了成绩,公司以及领导不去奖励和表扬,他可能会觉得自己的成绩微不足道,他就不能从自己工作的成就中感受到被认可和被肯定的快乐;如果他犯下了错误,不能完成工作任务,而公司及领导不进行批评和惩戒,他可能会觉得自己的失误无关紧要,失去改进和努力的动力,失去了从奋斗和进步中得到的快乐和幸福感,更为严重的是,这可能导致员工对于公司制度的质疑。因此,幸福企业需要一套完善的奖惩机制的保证。

我曾经提出这样一个观点,员工所犯的错误有三类:能力型错误、创新型错误、态度型错误。能力型错误,不能完全怪罪于员工,也可能是单位与管理者选人用人不当的结果,可以通过培训、调岗来解决;创新型错误,不仅不能处罚,还要适当鼓励,因为如果你处罚了创新,大家就会形成"多做多错,不做不错"的心理,事实上阻挠了企业的发展;对于态度型错误,例如拒不服从上级安排,出卖单位利益等,是必须要严肃处理的。

我们天九曾经有位营销大将,是八个营销子公司的总经理之一,他所带领的公司业绩等于其他七个公司的总和。然而,与他的营销业绩一样引人注目的是,许多人反映他做事不守规矩。本着人才难得、不求全才的原则,我多次与他交流谈话,然而收效甚微。直到2006年的春天,我召集有关子公司与部门负责人开会。在会议期间,他没有打招呼就离开了会议室,一直到会议结束都没有回来,会后也没有主动向我解释,结果他被解聘了。许多管理者在面对优秀下属违反原则的时候,总是不忍惩罚,结果乱了规矩。我淘汰了营销战将,看似小题大做,其实是对原则的执著维护。

还有一个例子,在我们天九,公司的每个业务员都要签订诚信经营承诺书,并且会把当月工资的30%扣下,作为诚信经营的保证金,留待下月发放。一旦发现某个员工有不诚信的行为,这部分诚信保证金就会被没收。

当然,我们必须要坚持"多奖励,少惩罚"的原则。很多时候员工没有做出成绩,不是他没有能力,也不是他不想,而是我们企业没有建立有效的激励机制。激励有一般性的激励和高效激励之分。一般性的激励主要包括个人竞争、奖惩和团队竞争,这也是我们所有管理者常用的三项措施。我愿意走高薪高效的路子。我愿意给你高薪,但我相应地要求你要达到高效。道理很简单,两个人干四个人活拿三个人的工资,员工也划算,公司也划算。

如果员工工作没有积极性,在领导不断号召之后,依然没有积极性,那最有可能的问题就是奖没奖到位,重赏之下,必有勇夫,奖要奖到心跳;如果有的员工不管受到怎样的处罚,他依然犯错误,那最有可能的问题就是惩罚没到位,罚要罚到心痛。奖惩的程度非常重要,不痛不痒的奖惩达不到预期效果。那么如何才能做到奖到心跳,罚到心痛呢?

心理学家研究的结果是,如果对员工的奖惩超过了员工当月收入的24%,一般人就会心跳或者心痛。只要做到重奖重罚,公司气氛就会完全不一样。如果不强调激励的有效性,激励就会成为管理者的成本陷阱。激励机制的完善对企业至关重要,它是管理的基础,是管理者首当其冲要考虑的管理行为。美国哈佛大学的管理学教授詹姆斯认为,如果没有激励,一个人的能力发挥不过20%—30%;如果施以激励,一个人的能力则可以发挥到80%—90%。

企业家要学会高效激励。我建立了一个高效激励体系:愿景激励、机制激励、过程激励三位一体的激励体系,我把它称之为三维激励,如图5所示。

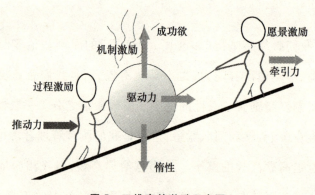

图5 三维高效激励示意图

这个体系建立的依据是什么呢?员工就是斜坡上的那个球,我们管理者都面临一个难题,那就是不仅不能让斜坡上的球往下滑,而且还要让它以最快的速度往上滚。我们的员工为什么会往下滑?因为每个人都有惰性,如果不去约束他,他就要往下滑。但是我的理解是,人人都有惰性,但是没有人真正想懒惰。每个人内心都渴望成功,之所以懒惰是组织以及管理者不能调动他的积极性,没有能力把他的积极性调动出来。世界上没有一个正常人是不能被激励的,员工懒惰,大部分的责任在组织。员工在斜坡上怎样才能跑得最快呢?简单力学原理的解释,牵引力、自己的驱动力和推动力三种力合并向一个方向时,肯定是最快的。牵引力是什么呢?牵引力就是愿景激励,让每个员工心中随时有一个美好的共同愿景,让他想起就非常激动。有了愿景就有了希望、动力,有希望的地方,即使有痛苦也会感觉到快乐,地狱也会变成天堂。员工没有共同愿景是很可怕的,有了共同愿景才有团队精神。

机制激励就是通过制度解决干好干坏不一样,干多干少不一样的问题。结果使员工都想多干,都想干好。邓小平说,一个好的机制可以把坏人变好,一个坏的机制可以把好人变坏。所以企业出现的问题,尤其是重复出现的问题,一般都是机制问题,不是人的问题。管理者一定要学会多研究机制,少责备个人。

过程激励就是在工作过程中根据员工的工作表现给予的随机性激励。重视、包容、参与、民主、竞争、赞美、尊重、关爱等都是过程激励中非常好的手段。

高薪高效,重奖重罚,是我比较推崇的机制。目前中国内地的企业有很多都是低薪低效。看似低成本,其实一切都低,员工工作最低付出只求不被解雇,公司付最低薪水只求员工不会辞职。只有真正实现了高薪高效,我们员工的积极性才能得到最大的发挥,我们员工才能从工作中体会到快乐,我们企业才能真正建设成为幸福企业。

3. 把公司的事情变成员工自己的事情

员工上班磨洋工,工作态度消极被动,相信这是每个老板都不愿意看到的。若问原因,不外乎担心会影响企业的效益。其实,这里面还有更重要,同时也一直被忽视的一点,就是处在这种状态下的员工,他是不快乐的。

针对这一问题,我觉得最好是引导员工把公司的事情当成自己的事情,这样可以一举两得,员工快乐,企业的效益也可以得到提高。具体怎么做呢?我在这里分享一下我的做法。

第一,引导员工做个"聪明人"。有一个故事让我很受启发:有一个年纪很大的木匠就要退休了,他告诉他的老板:他想要离开建筑业,然后跟妻子及家人享受一下轻松自在的生活。虽然他也会惦记这段时间里还算不错的薪水,不过他还是觉得需要退休了,生活上没有这笔钱,也是过得去的!老板实在有点舍不得这样好的木匠离去,所以希望他能在离开前,再盖一栋具有个人风格的房子来。木匠虽然答应了,不过可以发现这一次他并没有很用心地盖房子。他草草地用了劣质的材料,就把这间屋子盖好了。落成时,老板来了,顺便也检查了一下房子,然后把大门的钥匙交给这个木匠说:"这间就是你的房子了,这是我送给你的一个礼物!"木匠实在是太惊讶了!也觉得有点丢脸!因为如果他知道这间房子是他自己的,他一定会用最好的建材,用最精致的技术来把它盖好。然而,现在他却为自己造成了一个无法弥补的遗憾。

聪明人任何时候都会把他所服务的公司当作自己的公司,只有具备这样一种主人翁精神,他才能够最大限度地从工作中学习,才能够最大限度地受益,才能够最大限度地做到快乐工作。但我们很遗憾地发现,在现实中,"不聪明的人"还是有很多很多。在他们的心中,工作只是自己的任务,甚至是自己的负担。因为老板给我付了工资,所以我要为他工作,公司的事就是公司的事,我只要做好自己分内的事,至于整个公司的业绩如何,跟我根本没有关系。这种思想的蔓延,对公司的发展是十分不利的,同时它对员工个人的发展也是十分不利的。缺少主人翁意识的员工不但不能感受到工作的快乐,同时也会放弃在工作中成长的机会。

当然,要让员工把公司的事当作自己的事,教育引导是一方面,关键还要靠机制。

第二,鼓励员工表达意见。员工在一个企业工作,如果对企业的某些制度或者决策不满,都不能表达自己的意见,或者表达意见后总是被惩罚,这样的员工能快乐工作吗?显然不能。既然员工是企业的一分子,企业的利益和员工的利益就是紧密相关的,那么对于企业的任何制度、决策,员工也有权提出意见,企业管理者一定要给员工表达意见的机会。

首先,企业应该建立一种开放、平等的企业文化,这样才能鼓励员工敢于去表达自己的意见。其次,要设置相应的表达意见的渠道,比如意见箱、意见墙,员工在表达意见时可以署名,也可以匿名,而管理者只重视意见本身,不追究提出意见的人是谁。最后,对于员工提出的意见,管理者要及时表态。否则就会流于形式,也让员工产生不被尊重的感觉。

老板让员工看到自己的诚意也非常重要。有很多老板说,我办公室的门一直都开着,谁有意见都可以进来说啊,但没人敢去说,为什么?因为他的心门是关着的。作为企业的管理者,只有真正打开心门,蹲下身来,让员工看到自己的诚意,员工表达意见才会成为一种常态。

我的公司从创建至今一直都有鼓励员工提建议意见的奖励机制。十多年前还搞过一次"千金买错"的活动。凡是对我个人提出切实意见,指出工作错误的,都奖励1000元,当时有40多人得了奖。我和公司受益匪浅。

第三,向员工公开信息。有些企业在出现危机时,喜欢向自己的员工隐瞒消息，但没有不透风的墙，当员工以"流言"、"传言"的形式得到消息时，反而会变得焦躁不安，造成企业人心涣散。实际上，当出现的危机不会影响到企业的运行时，企业越是向自己的员工隐瞒信息，越是会激起员工内心的不安。经验告诉我，告诉员工企业最真实的信息，用一颗坦诚的心面对员工，这时候，因为感受到来自企业的信任，员工也会选择信任企业、支持企业。

如果把一个企业比作一艘船，我觉得员工应该是这艘船的船员，也就是尽职尽责的看护者，能够充分发挥自己的主人翁精神，共担责任，不离不弃。美国塞文机器公司前董事长保罗查布莱曾说过："我警告我们公司的每一个人，假如有谁说'那不是我的错，那是他的责任'，如果被我听到的话，我一定会请他离开，因为这么说话的人明显对我们公司没有足够的兴趣……"他所表达的，正是这样一种主人翁理念。

在2011年，我女儿卢星宇做的"中非希望工程"遭遇到了一些谣言和诽谤，我们天九集团也因此承受了自创立以来的最大危机，在这个关键时刻，我将实情坦然相告，全体员工都选择了做一个船员，尽他们最大的努力看护我们的大船，这让我感到非常欣慰。

4. 充分竞争：让每个人每时每刻都在"比武"

很多人以为竞争就是企业和企业之间的事情，企业内部的员工或者部门之间只需要合作，无需竞争。但我发现，其实并不是这么回事儿，企业内部的竞争同样非常重要，甚至更加重要。梅花鹿的故事可以带给我们启示：

有人养了一群梅花鹿，为了让梅花鹿得到良好的保护，他在鹿场周围圈起了结实的篱笆。梅花鹿在自己的小天地里无所事事,整日养尊处优。不久,很多梅花鹿都生病了。后来,养殖人在梅花鹿的小天地里放进了一只狼。那些体质较差、奔跑较慢的梅花鹿,不断被狼吃掉。而剩下的梅花鹿,因为被狼追逐,在不断的奔跑中变得更加强壮了。

在梅花鹿的世界里放进一只狼,本质上就是给梅花鹿这个团队引入了竞争机制,谁跑的更快就是安全的。在企业里也是一样的道理,最差的会被淘汰,而工作越是出色,得到升职的机会也就越多。

作为企业的管理者,我深刻体会到,如果企业内部没有合理的竞争机制,企业的员工就缺少干劲儿,那么在应对外部竞争的时候也就会表现得很逊色,长此以往,企业会形成一种惰性文化,带来组织功能的衰老和退化,最终被市场所淘汰。问渠那得清如许,为有源头活水来,其实,每一个员工就是企业的那个"源头",只有建立一个好的竞争机制,保证每个员工时时刻刻都处在"比武"的状态,企业才能焕发出最强劲的力量。而员工在最大化实现自我价值的过程中,也必定会享受到工作的快乐。

美国著名心理学家奥格登研究发现,对员工最有激励效果的,第一是个人竞争,第二是奖惩,第三是团队竞争。如果三招并用,效果最佳。

企业好比是一个有机整体,而每个部门、员工,就好比是企业的某个器官、细胞,在建立完善的企业内部竞争机制之后,企业的每一个细胞就会被激活,如此一来,整个企业就会散发出无限的活力。不仅可以有效预防各种企业病的侵袭,还能更有力地应对外部的挑战。

科学研究表明,在非竞争的状态下,人只能发挥自身潜能的20%—30%,而在竞争的状态下,人的情绪相对紧张,有利于个体潜力的充分发挥。可以说,竞争意识能够使人精力充沛、思维敏捷,进而在工作中做出更出色的表现。

没有什么不可能,充分竞争见证员工的潜力到底有多大,也可以让我们见证一个企业能够创造怎样的奇迹。当然有竞争就有压力,这就要求我们引导员工正确认识竞争,端正对待竞争的态度,积极迎接挑战,而不是聚焦在竞争带来的压力上。原本,我们就不是要做温室的花朵,而是要做一棵在风雨中茁壮起来的大树。

我们的目的是让员工快乐工作,而快乐本身不正是一种最强大的竞争力吗?哈佛大学的著名心理学者、幸福课设计者肖恩·埃科尔就认为,快乐就是最强大的竞争力,先有快乐才会有成功,肖恩的观点很值得我们去反思。我相信,只有快乐的员工才是精力最充沛也最具有工作热情的员工。最终,员工快乐了,企业也会变得更强大,鱼和熊掌原来有时也可以兼得。

第三节　实现制度化与人性化的最佳平衡

员工工作出错,要不要惩罚?员工迟到,要不要罚款?很多时候,我们作为企业管理者会陷入这样的两难境地,到底是应该制度化还是人性化呢?我认为,过于制度化,或者过于人性化,都是有问题的,最好能够寻求到二者之间的一个最佳平衡点。

〈〈〈〈 1. 让制度充满人性的光辉

提到"制度",总是让人有一种冰冷的感觉,但我认为,制度既然是人定的,只要制定者愿意,它就可以充满人性的光辉。微软公司的制度就非常人性化。

微软公司的工作非常辛苦,但却吸引了来自全球的2.8万名最具创造力的软件开发人员,究其原因,除了丰厚的物质回报外,微软公司制度上的人性化也是非常重要的一个原因。在微软,上下班时间由员工自己决定,可以在公司上班,也可以回家工作,只要能够保证工作进度,能够完成总体目标就可以。而且,在微软,所有人在人格上都是完全平等,以停车为例,大家都遵守先来后到的规则,即使比尔·盖茨也不例外。微软公司人性化的制度帮助它吸引了全世界最优秀的人才,而微软"职业阶梯"的设立,也使得这些人才深深爱上了微软,极少出现跳槽的现象。

随着社会的发展,对企业制度人性化的呼声已经越来越强烈。所谓人性化管理,就是围绕人的行为、需要、动机等人性本质而探索的管理模式。人性化管理是当今世界上先进的管理理念,充分体现了以人为本的思想,正被越来越多的企业家认同和接受。这么多年在建设幸福企业的过程中,我就一直强调,幸福企业要用"心"建设。有一些老板,他们一方面把企业当做自己赚钱的工具,没有给予员工充分的尊重和关爱,另一方面,他们又希望员工为自己"卖命"一般地干活,这种态度和做法显然是自相矛盾的。

惠普公司也是人性化管理的典范。为了推进员工之间的沟通,惠普公司实行"走动式管理"和"开放式管理"。所谓"走动式管理",指的是公司高层管理者经常到公司各个部门走动,了解各部门员工的工作进展情况。而"开放式管理",是指公司鼓励员工与任何管理人员讨论任何问题,因此,惠普公司包括最高管理者在内的每个员工都是在开放的办公区工作,任何人都没有单独的办公室。

我们天九也一直在努力建设人性化的管理制度。给大家举个例子，通过人力部门的考勤记录我发现，夏天员工一般很少迟到，而到了冬天，员工迟到的现象非常频繁。一些工作态度十分积极，业绩突出，表现优异的员工也偶尔会有迟到的现象。如果迟到仅是个别员工的行为，我不会在意，会认为这个是员工自身的问题，但是，这种现象屡见不鲜，我判定这和我们企业的制度有关。

经过调查我发现，我们的员工，尤其基层员工，多数都住在通州、大兴、顺义等离城区比较远的地方。当然这和北京的房价有着直接的关系。所以很多员工上班，路上花的时间至少要1个小时，甚至要两个小时以上。如果平均按1个半小时计算，员工8点半上班，就必须6点起床，6点半就要出发，因为北京的交通也是令人头疼的事情，必须把堵车的时间算进去。

如果在夏天还好。因为天亮得早，早点起也无所谓，但是在冬天，就会很痛苦。早上6点基本上是黑夜的概念，天上的星星还没有消失，我们的员工就要出动了，上班就变成了员工的第一大痛苦，因此，冬天员工上班迟到的现象比夏天严重很多。这个问题显然是客观存在的，我们当然可以要求我们的员工再早起一点，争取不要迟到，但是这个要求非常不人性化。员工如果休息不好，会严重影响其工作的质量和工作的积极性。为了员工的健康，我们也不能在这个方面过于苛刻。那么我们能不能从企业的层面，在制度上解决这个问题呢？

我从一份创新提案中看到了一个很有建设性的建议，那就是调整冬季作息时间。这个建议说，在公司实行两种作息时间，即夏季作息时间和冬季作息时间。夏季作息时间，按照之前的作息就行，但是，冬季作息时间做一些调整。具体调整建议是：把上班时间往后推迟半个小时，下班时间往前提半个小时，而中午休息时间缩短1个小时。这样，员工总工作时间没变，但幸福感会大幅提高。我欣然采纳了那个建议。

我觉得，类似的小制度的改善，表面上看只是一个小小的改动，但其实对于方便员工，使其快乐工作，提升其幸福感有很大的促进作用。因此，我想告诫企业家们，在管理的过程中，应该多完善企业的机制，少责备我们的员工，这样才能真正为员工工作营造一个轻松快乐的氛围，提升员工的幸福感。

还有一个例子，很好地体现了我们制度的人性化。我们通过调查发现，很多员工特别是集团的高中层领导，因为集团业务繁忙，经常无暇顾及家庭事务。他们的妻子承担起了照顾老人，看管小孩，处理家务等大部分家庭事务。正是因为家属的默默支持和辛勤付出，才使得公司的很多员工能够全身心地投入工作。因此，集团设立了贤内助奖，每年年底都会评选贤内助，在集团的年终总结表彰大会上为他们颁发荣誉证书和奖金。中层以上管理人员的配偶基本都能得到。

一个温暖的家庭，是职场人士努力工作的后盾。让家人看到员工在企业所享受到的待遇，并分享其中，不仅可以使辛苦一年的员工深刻感受到企业给予的关爱，也可以让员工对企业心存感激，而在新的一年更全身心地投入到工作中。"老吾老以及人之老，幼吾幼以及人之幼。"关爱员工家属，就是关爱员工，我希望每一位企业家都能深刻理解这个道理。

这些年，人性化管理在我国各个企业中越来越受到推崇，但很多企业在人性化管理的理解和实践上，还存在一些误区。

首先，人性化不等于人情化。人情化管理是一种相对陈旧的管理理念,主要是以亲情关系为纽带,以家庭式管理为基础。这种管理模式在我国的家族式企业中很流行,具有很强的保守性和排外性。而人性化管理是一种非常现代的先进管理模式,它是以人性为根基,充分体现对员工"作为一个人"的身份的尊重。

其次,人性化不等于自由化。比如有的公司推行弹性上下班制度,员工可以自由选择自己的上下班时间,再也不用担心堵车迟到的问题。但是,这并不意味着给员工绝对的自由,前提条件是员工能够保证工作进度,能够按时完成工作任务。相对于8小时按时上下班的工作制度而言,弹性工作制度更注重激发员工工作的自主性,提升员工的责任感,帮助每个员工实现对自我岗位的有效管理。自由永远是相对的,过分强调自由只能让企业成为一盘散沙。

《《《《 2. 从"法治"到"心治"

高明的领导者领导员工的思维,平庸的领导者看管员工的行为。这方面做得最好的是毛主席,他把这一点做到了极致。思想政治工作成了共产党成功的三大法宝之一,毛主席不给大家发钱,也没有好的物质条件,为什么大家前赴后继,抛头颅、洒热血地投身革命?一比之下就知道了,他是在用思想领导人民的行为。每一个管理者,尤其是企业管理者一定要懂得思想工作的重要性,也就是企业文化的重要性。管理者要领导员工的思维,用思想引导员工的行动,如果企业的文化不能深入员工的意识,企业迟早都会出问题。

企业注重用各种制度和组织结构的建设来管理员工,可以称之为"法治"。用文化、思想来管理员工,通过企业自身的自我学习和企业员工的自我管理来实现企业的管理目的,我们可以称之为"心治"。现在这个时代,已经迫切地需要我们从"法制"过渡到"心治",多领导思维,少看管行为。

太平鸟服饰执行董事、行政人事总监戎益勤曾信心满满地说:"你只要在太平鸟待上一个星期,肯定会喜欢上这家公司!"他说这话的信心就是基于太平鸟服饰的企业文化——时尚和快乐。太平鸟服饰多年来一直非常注重企业文化的传递和灌输,也收到了很好的效果。

在这里,我特别想指出当前企业家们的一个误区,那就是认为员工工作的时间越长,他创造的业绩就越大。很多老板,特别是小型企业的老板,总是希望自己的员工能够不停地工作,在公司不能停歇,员工下了班也经常打电话安排各种事务,生怕员工闲着。甚至对一些员工采取电话监督的方式,看管其行为。这是一种非常不理智、不可取的方法。现在的员工,尤其是80后员工,非常懂得生活,在他们的价值观里,工作只是生活的一部分。因此,我要告诫我们的企业家们,看管员工的行为,永远不如看管员工的心更有效。

相比于法制,心治的优越性都有哪些呢?

第一,凝聚人心。古语云,得人心者得天下,企业管理也是一样的道理,人性化的管理制度能够凝聚人心,大大提高员工的凝聚力,提高其对企业的忠诚度,这就是心治的最大优势。这一点,早在晋商中已经得到了很好的体现。

晋商在中国历史上显赫一时,是什么成就了他们百年的辉煌和成就呢?非常重要的一点就是其人性化的管理制度。晋商设计了"身股制",也即员工参与企业分红。在晋商的商号中,员工的收入包括两个部分,一部分是员工的基本工资,保障员工吃住用等基本开销,这部分工资与企业的效益不挂钩,即使企业亏损,也要由东家承担。员工的另外一部分收入就是根据身股的多少分红,这一部分是根据企业效益的好坏决定。身股并不用员工出钱购买,而是东家根据员工的工龄、职务、业绩给的。这种人性化的制度带给晋商最大的好处,就是吸引了最优秀的人才。当时山西人的传统是把最优秀的孩子送到晋商的商号从商,而不是送学校读书。在如今这个员工跳槽率不断攀高的时代,建立人性化的制度以留住和吸引更多人才,就显得更加重要了。

第二,投入低回报高。心治的优越性还体现在,这种"情感投资"是所有投资中花费最少、回报率最高的行为。日本的经营大师稻盛和夫就是这一理念的最执著的坚守者。他创造日本京瓷公司时,正是日本经济最萧条的一段时期,公司创立之初,只有28名员工和300万日元,在外界环境不利、资金又不雄厚的条件下,稻盛和夫能够让京瓷公司进入世界五百强,也正是得益于他"以心为本"的经营哲学。稻盛和夫一直坚信,无论在人生上还是事业上,要用最少的投入产生最佳的结果,对事物的思考方法和心态都起着决定性作用,也可以说,事业和人生成功的秘诀在于"人心"。他说,关爱员工是一种感情投资,这是所有投资中花费最少,回报率最高的一种投资。稻盛和夫对待员工的关爱深入员工的人心,换回的是员工在公司全身心的付出。

第三,激发创新精神。在严苛的制度化管理之下,员工更像是一部机器,每天按部就班地做事情。长此以往,员工会由于自身的惰性,或者担心出错被惩罚,逐渐变得缺乏创新精神。而人性化的管理给员工提供了一个相对宽松的工作环境,在企业文化的熏陶和鼓励下,员工会更乐意发挥自己的主观能动性，进而做出更多创新行为。从本质上来说，法制是一种强迫和约束；而心治则是一种引导，显然后者更能激发员工工作的主动性。

最近我发现，管理心理学在企业中正在得到越来越多的重视和应用，这正体现了企业管理者对于"心治"的认可。其实，早在春秋末年，管理心理学就已经开始被重视，军事家孙武在《孙子兵法》一书中讲，成功有五大要素：道、天、地、将、法，道是第一位的："道者，令民与上同意也，故可与之死，可以与之生，而不畏危。"孙武强调的道胜，就是下属和领导之间意愿协调一致的重要性，这显然是十分重要的"心治"原则。

第二章

强化共同富裕的观念

共同富裕这一观念,在我国数千年的历史上可谓源远流长。我受中国传统文化及个人成长经历影响,心中一直存有共同富裕的梦想。在 2000 年初,我就对集团全体员工讲:共同富裕,共同发展,是天九永远不倒的旗帜。

在我看来,员工是创造企业价值的源头活水。如果只顾企业的发展壮大,而对员工的富裕诉求不闻不问,这个企业十有八九就要出问题了。无数鲜活的事实已经证明了这一点。

第一节 "卢氏"企业利润公式

企业的"企"拆开来看就是,"人"字下面一个"止",这可以理解为"无人则止"。你可能会说,这句话全世界的企业都在提,可谓老生常谈了,也没什么新意。我这里想跟大家分享的是一个鲜活的东西,是我独创的一个公式:

企业利润＝资源×管理×员工^n

在这个公式中:资源表示企业所拥有的人力、物力、财力等有形资源以及品牌等无形资源,是劳动对象;管理是劳动手段;员工是劳动者;**n 为员工的工作积极性**。从上述公式中可以看出,企业利润来自于员工,来自于员工的工作积极性。员工才是企业创造利润的源泉。员工的工作积极性在创造利润中又起着决定性的作用。如果员工的积极性为 0,企业就不会产生新的价值,就不会有利润。

1. 员工才是企业创造利润的源泉

管理大师彼得·德鲁克在《管理实践》一书中指出,人力资源是所有资源中最有生产力、最多才多艺、也最丰富的资源。企业员工作为企业的生产者,不仅直接创造产出,同时也缔造着企业的价值观、企业的文化。可以说,员工才是企业的利润源泉。从企业利润公式中我们可以看出,资源和管理都是一次方,而员工对利润的作用却是 n 次方。可以说,员工对于企业利润的增长贡献的潜力要远远大于资源和管理。

天九幸福集团始终把吸引、激励、留住优秀人才作为管理的核心任务。"终身员工制"是我们天九幸福集团坚持 16 年的一大特殊激励体系。在 20 世纪 90 年代初,当全国流行下岗的时候,我们天九却推出了终身员工制。成为终身员工的条件很简单,只要连续 3 年或累计 5 年被评为优秀员工,就可以成为终身员工。成为终身员工后,父母每月可以得到孝心红包,孩子的学费由公司报销,还有很多特殊礼遇。随着集团的发展,终身员工的待遇也在不断提高。目前,集团的 100 多名终身员工成为了集团的中坚力量。

2. 引爆员工的工作热情

如公式中注明的那样,n表示人才的工作积极性,n为正数的时候,它越大则利润越多;n为0的时候,意味着员工的积极性为0,我们知道任何非零数的零次方等于1,1乘以前面的资源和管理,不会产生剩余利润,只有作用于员工并且是有效的才产生利润;如果n为负数,意味着员工的积极性为负数,就会对利润产生副作用。

这说明,调动员工的工作积极性是企业管理的首要任务。为此,四十多年前我就将管理的职能压缩成了六个字:激励、服务、控制,并先后创立了企业家孵化器、三维激励体系、三清绩效管理等一系列行之有效的特殊激励制度,极大地调动员工的积极性,企业也因此获得巨大发展。

要引爆员工的工作热情,还有一个非常重要的方面就是要给予员工信任和授权,充分发挥员工的潜能。"海底捞"在激发员工方面的做法就非常值得借鉴。

海底捞的服务员可能是中国饭店里权力最大的。一个服务员就拥有赠送客人礼品、加送菜品,甚至直接免单的权利,这在其他饭店根本是不可想象的。也正是因为如此,海底捞员工的工作积极性空前高涨。

海底捞员工的微笑最感染人的不仅是那份关切,还有自信,一下子拉近了和顾客的距离。这份自信来源于海底捞的董事长张勇对员工近乎溺爱的信任。海底捞的大区经理,拥有百万元的审批权,与其捆绑着的也正是犯错误的机会。如此高风险的授权制度,在私营企业中实属罕见。张勇如此大胆并非有规避风险的过人之处,而是算了一笔看似糊涂实则聪明的生意账。只有放开手脚,才能开动脑筋;也只有犯错误,才能让所学到的东西刻骨铭心。正是在这种信任的推动之下,海底捞员工的工作热情得到彻底的引爆。所有员工都热情高涨地投入到工作之中,为企业创造了源源不断的利润。

3. 共同富裕:打造利益金手铐

从上述公式中可以看出,员工的素质和积极性同等重要,二者不可偏废。人的素质再高,但积极性很差,那也产生不了效益;反过来,如果员工积极性特别高,但自身素质太差,也无法为企业带来利润。因此对于那些堪称人才的员工一定要加倍重视,他们是企业的中流砥柱,如果因为管理者的管理不当,造成优秀人才的流失,那将会让企业家追悔莫及,让企业遭受严重损失。

如何才能让优秀人才永远追随你呢?我在天九集团实行了一系列措施,起到了非常显著的效果。这些措施概括起来就十二个字:**强者孵化、贤者终身、优者有股**。

具体来说就是,对那些有抱负有能力的员工,我们给他提供孵化的机会,使之能够从员工走向老板。我们已经孵化出了5位董事长、4位总经理、40多位总监。对于那些业绩特别突出,并连年获得"优秀员工"称号的人才,我们从1995年就实行"终身员工制",至今已有一百多位佼佼者获此殊荣。对表现优异,有极大发展潜能的员工我们让其持有股份,也让他们切实体会到"企业=家"的温暖。经过多轮分享现在已有近百位员工成为了公司股东。我们的"租业计划"让每位员工都有机会成为公司的原始股东,拥有一份租业。

企业只有认识到"员工是创造企业价值的源泉",才能摆正自身的发展观,也才能走上企业和员工共同富裕这条康庄大道。员工作为财富的创造者,理应共享企业的发展成果。"大家好才是真的好",相信这句广告语我们都听过,在我看来,这很贴切地反映了共同富裕的理念。幸福企业,就是要让幸福惠及所有员工,"一花独放不是春,万紫千红春满园"。

第二节　幸福企业不"忽悠",真金白银看得见

一些企业家朋友经常跟我说,非常赞同我经常提起的建设幸福企业和共同富裕的理念,他们也想这样做,但是具体如何操作,却毫无头绪。

的确,实现共同富裕,不仅需要理念,更需要实实在在的行动与方法。

1. 薪酬与利润同步增长

衣食住行是一个人最基本的需求,那么,员工来到企业之后,其最基本的需求又是什么呢?我认为,非薪酬莫属。重视人才,就要从人才的基本需求出发,这也是我们天九一以贯之的方针。我概括为:从薪酬开始,不断满足人才日益增长的正当需求。

有位经济学教授曾作过一项统计,把各个国家的薪资收入加在一起,除以这个国家的 GDP,然后来进行比较分析。这个比例欧美最高 55%,日本是 53%,韩国是 44%,澳大利亚 47%,南美洲的阿根廷、墨西哥和委内瑞拉平均是 33%,东南亚包括菲律宾、泰国是 28%,中东包括伊朗和土耳其大概是 25%。很可惜我们没有详细的非洲数据,应该是 20% 以下。那么你认为中国会和谁比较接近?欧美,南美,东南亚,中东,还是非洲?很多人都认为我们的比例应该和非洲差不多。

然而,中国的这个比例只有8%,是全世界最低的!不过,之前我国的情形可不是如此,以前我国的这个比例甚至还高达18%,但是到了2008年这个比例就跌到了12%,到2009年却只剩8%了。

那么人均工资呢?每小时人均工资第一名的是德国,大概是30美金,第二名是美国,大概是22美金。中国是多少呢?0.8美元,位列全世界倒数第一。

薪酬与利润同步增长的第一个应有之义,就是薪酬要与利润"水涨船高"。

我坚信,只要坚持这条原则,我的中国员工的薪酬就绝不会是全球最低。共同富裕的理想也就可望又可即。

我们天九自成立以来,严格执行了员工的薪酬增长和公司利润同步增长这一方针。在集团二次腾飞动员的时候,我提出要在五年内,实现5个亿万富翁,20个千万富翁,100个百万富翁,要让80%的员工(当时在册的)都拥有标准住房与私家小车。在当时,很多人都不太相信。我讲话的时候正好岳父也在场,他后来跟我说:"小卢,真能吹呀!"如今,这些美好的愿望早已变成了现实。在公司快速成长的过程中,我不断稀释自己的股份,从最初的100%到现在的44%。以后还会再稀释。在我看来,蛋糕既然做大了,就要给员工分得更多一些,只有这样大家才能再接再厉,投入到做更大的蛋糕的征途中去。

格力电器总裁董明珠曾说,作为企业家,应该在工人还没有提出需求之前满足其个人基本需要;等一个工人来向你讨薪;等一个工人来要你涨工资;等一个工人要求你帮忙解决住房问题,你的企业文化是很糟糕的。我十分认同董女士的观点,主动给予与被动被敲,两者即使数量一样,结果也会完全不同。主动给予，可以促进企业上下同心同德，事业蒸蒸日上；被动被敲，往往会使企业与员工走向对立，而要挽回，可能需要付出几倍、十几倍甚至几十倍的代价。我希望大家对此能有清醒的认识。

薪酬与利润同步增长的第二个应有之义，就是薪酬要有明确的增长机制。

这一点不言而喻，没有一个员工不希望自己公司有看得见、摸得着的薪酬增长机制。

我负责过不少面试，参与面试的大部分人都会在临近结束时问到同一个问题："咱们公司多久涨一次工资啊？"这说明员工对薪酬增长机制是极其关心的。

我们天九在这个方面费了不少精力，到现在为止可以说已经形成了一整套关于薪酬增长的机制。我们针对刚入职的员工，根据不同岗位、能力大小、面试表现制定了试用期薪酬标准、转正后的薪酬标准、全员加薪的标准，针对个别有突出工作表现的员工制定了即时破例加薪的标准等等。

总之，我觉得花大气力设计透明科学的薪酬增长机制是值得的，应该引起每一个企业的高度重视。我再举其他两个知名企业的做法来阐释一下这个问题的重要性。

第一个例子是著名的摩托罗拉公司。摩托罗拉提出了一个响亮的口号：让大家有奔头。他们的具体做法有两点：(1) 论功行赏——摩托罗拉年终评估在1月份进行，个人评估是每季度一次，部门评估是一年一次，年底对业务进行总结。根据 SCORECARD 的情况，公司年底决定员工个人薪水的涨幅，也根据业绩晋升员工。(2) 科学调节薪酬——如果员工对自己的薪酬不满,可向人力资源部提出质疑。摩托罗拉会进行市场调查,如果真的比市场平均水平低,摩托罗拉会普调工资。成都的员工曾经反映说工资低,人力资源部就通过市场调查,发现情况的确如此,然后给员工涨了工资。

第二个是国内电器巨头苏宁的例子。苏宁集团董事长张近东说:"苏宁电器每年都在努力保证员工年收入至少有10%以上的增长。即使在全球经济都比较困难的2009年,苏宁电器也没有削减员工待遇,而是通过压缩其他方面的成本来实现利润增长。"作为总体上还是劳动密集型的零售业,员工收入从横向比较在全国并不高。但苏宁努力保证在可比的行业中,比如家电行业,员工薪资待遇水平——尤其是成长发展机会做到最好。这一点非常难能可贵,也难怪苏宁能一直健康稳步地发展。

2. 奖金与任务同步增长

奖金作为工资之外的重要收入,对员工的吸引力绝对不容小觑。心理学家研究显示,奖金对员工的激励效果远远超过固定工资。

多劳多得,多效多得,这是促进员工积极性的重要机制,也是建设幸福企业的题中之意。企业不能做"周扒皮","又要马儿跑,又要马儿不吃草"。在一些企业,员工加班成为家常便饭,甚至一个月都没有一天休息。

所以,奖金和任务保持同步增长也是至关重要,这同时也是共同富裕的应有之义。

我们天九幸福集团的奖金类型很多,而且完全公开透明。奖房、奖车、奖出国、奖现金,应有尽有。这些奖励成了员工努力奋斗的重要动力。

公司虽然付出了很多,但收获的更多。我认为,科学的奖励不是成本,而是投资。

松下公司的奖金制度也非常值得一提。松下中国的人事部门认为,良好的激励机制在人才管理中占有非常重要的地位。松下中国在创建之初制度不够完善,无法充分调动员工积极性。后来,采取了相应的激励措施,让员工工资与能力挂钩,津贴与特殊岗位相联系,奖金针对贡献大小而定。他们发现,奖金的杠杆作用尤其不可小视。在实际操作中,奖金发放遵循下列原则:首先,奖金的发放与职位的高低没关系,干得好就多拿,干不好就少拿,为的是使大家明白,要想多拿奖金,不是靠提高职位,而是要多创佳绩;其次,做到及时奖励,充分显示奖金的激励作用,事实表明,奖金发放的及时与否,作用是大不一样的,迟到的奖励与不奖励没有太大的区别;第三,奖金不固定,随员工贡献的多少随时调整;第四,奖励公开,以此激励后进,真正发挥奖金的作用。

这四点在我看来,真可谓金玉良言。奖金至关重要,同时奖金的发放形式也非常重要。

‹‹‹‹ 3. 福利与职位同步增长

被擢升的员工得到更多的福利是理所应当的。职位提高了,担负的责任更大了,享有更高的福利水准,完全是幸福企业应做的事情,当然这也是一种激励。

在天九,我们针对高管人员,提供了不少的福利,在这里列举一二:

- 高级管理人员可以享受每天中午的工作午餐会。
- 高管由集团统一办理了健身卡,以及在指定医院享受特需专家的绿色通道。

- 高管配偶每月发给3000元贤内助奖,中管配偶每年发给3000元贤内助奖。

结果表明,我们的这些福利特别受欢迎。不但让高管们感受到了公司的深情厚谊,也把我们"天九"的温暖带给了他们的家属。这样一来,高管们在家属的理解和支持下,更加富有激情地工作。

三枪集团的职称评聘可以用"评了以后再补"和"补了以后再评"两句话来概括。一是"评了以后再补":有些同志实际贡献很突出,但文凭、资历欠缺一点,就让他享受高工、高级技师的福利待遇,然后再帮他把文凭补上去。二是"补了以后再评":有些人文凭资历都够了,但工作平平,实际贡献不够,那就只能低评,虽然国家认定他是高级职称,但在企业里只能是中级职称待遇。在三枪流行这样的话:"你拿到了全国粮票,不一定实惠,但你拿到了本厂的饭票是很实惠的。"这就拉开了一般知识分子和科技人员的差距。

现在的企业越来越重视提高员工的福利。通过这些福利政策来激励企业员工不断改进技术,提高业务水平以出色地完成工作任务。当然,福利制度的制定和实施也需要讲究一定的方式和方法,各个企业应该根据自身的具体情况合理地实施。

此外,我认为让员工持股也是共同富裕的重要途径。股份是很重要的福利,而且它的覆盖面越广,激励效果越好。员工拥有了股份之后,员工就成为了企业的主人,他们就能以主人翁意识对待企业的工作以及企业的发展。我们都知道,外企的股权与期权奖励是很普遍的。在星巴克,员工不叫"员工",而叫"合伙人",因为星巴克实行丰富多彩的股权激励计划,使得每一位员工都是企业的股东。1987年,霍华德·舒尔茨购买了星巴克咖啡公司,建立了美国历史上第一个星巴克"期股"形式,即公司所有员工都可以获得公司的股权。1991年,星巴克开始实施"咖啡豆股票计划"(Bean Stock Plan)。这是面向全体员工(包括兼职员工)的股票期权方案。其思路是:使每个员工都持股,成为公司的合伙人,把员工与公司的总体业绩联系起来,无论是CEO还是任何一位合伙人,都采取同样的工作态度。要获得股票派发的资格,员工要满足从4月1日起的财政年度内至少工作500个小时,平均起来为每周20小时,并且在下一个一月份即派发股票时仍为公司雇佣的条件。通过这种方式,每位员工最多可获得相当于其年薪14%的星巴克股票,分享公司成功的成果。这一理念同样也带到了中国。2006年11月,星巴克开始在大中华区实施"咖啡豆股票计划"。无论是公司高层还是普通员工,只要是在2006年4月1日前加盟星巴克,每周工作时间超过20小时,都有权获得星巴克的股票期权。

在这里再讲一个我看到的例子。宏碁是全球第二大个人电脑及笔记本电脑品牌,宏碁的发展与其创业者施振荣所提倡和实施的企业文化与管理方式有重大关系。为了让员工将个人利益与公司利益紧密地联系在一起,将眼前利益与长远利益结合在一起,宏碁在创立的第三年实施员工入股制度。施振荣认为要让员工有信心入股,财务透明化是第一前提。于是公司设计了一套制度,包括每季公布财务报表,以净值作为买回离职员工股票的价格等等。因此,在宏碁电脑股票上市之前,内部就已经有公平的交易市场了。除了财务透明化之外,公司领导也想到,大多数同仁没有足够的钱入股,怎么办呢?那就由公司来贴钱吧!早期,因为有股东撤股,公司就买下这部分股权。推动员工入股的时候,公司打折卖给员工,就这样,宏碁的员工入股制得以顺利实施。

总而言之,员工享有的福利是极其重要的。职位提高了,福利必定要增加。应该用制度来使之明确化,以此激励员工努力向前,在晋升的同时感受到实实在在的幸福。我认为,这也是共同富裕的内在要求。

第三节　共同富裕不等于平均富裕

不少人误认为共同富裕就是平均富裕、同等富裕。虽然这是一个错误的认识,但在中国,很多人都是这样的观念。每当谈论起这个话题,总有人怀着侥幸心理,梦想着在这样一个"共同富裕"的机制里不劳而获。

然而,在我看来,共同富裕绝不等于平均富裕。我在倡导建设幸福企业的过程中,提出的共同富裕主要包括以下两个方面:第一,共同富裕就是致富机会均等;第二,济贫而不杀富,因为平均主义就是剥削。

1. 机会均等,效率优先

在我国上世纪50年代末的"大集体"时期,企业吃国家的"大锅饭",职工吃企业的"大锅饭"。历史证明,这种制度严重抹杀了人们的积极性和创造性,最后使得本来朝气蓬勃的经济失去了活力,造成了巨大的浪费和破坏。加之其他因素,甚至一度使国民经济濒临崩溃。本来是期望建成全民的共同富裕,却戏剧化地变成了"共同贫穷",原因何在?

我想,概括起来讲,就是我们对共同富裕等概念的理解出现了偏差。

事实上,在我看来,共同富裕最大的内涵是致富机会均等。

在我们"天九",孵化机制最能反映这一论断的精髓。根据孵化体系,员工收入多少,不是老板说了算,而是机制说了算。每一个营销人员的收入都是没有上限的,完全与自己的能力、努力等因素相关。每一个人都有机会致富。有的普通员工年收入超过了很多高管。

这样一来,基本排除了外因的作用。用一个形象的说法就是,桃子就在那里,大家都可以吃,但最终谁能吃到,完全靠自己的本事。暂时还没有致富的员工,也不会怨天尤人,他们只要继续努力,完全可以成为致富路上的后起之秀。

有人会说,那么多的员工,就那几个桃子,这样子的共同富裕是不是还有很大局限性?这种说法不无道理,这也是提供均等致富机会之外,我们企业家要努力的一个方向。

我们追求共同富裕的同时,还必须坚持效率优先原则,而效率优先又会产生"马太效应"。"马太效应"通俗一点说,就是强者会越强,弱者会愈弱。这是一个很严重的问题,有担当的企业家不能忽视它。试想一下,如果一个企业中出现这种情况,并且愈演愈烈,那将和共同富裕的目标背道而驰?因此,我认为,企业应尽最大能力,尽可能多地增加"桃子"的数量,使之覆盖的范围更广。企业的所有员工都值得关注,在致富路上,应努力做到"一个都不能少"。

当然,这是一个长期的过程,它和"致富机会均等"相辅相成,要真正实现共同富裕,我们还有很长的路要走,让我们一同为之奋斗。

2. 平均主义就是剥削

可能你会说,前两个理由我认同,这属于现代文明的基本常识,可是平均主义怎么就成剥削了呢?

我在这里和大家分享一个狮子和豹子的故事。

> 一头狮子委托一只豹子去管理10只狼。豹子一去之后,就把肉平均切成11等分,每一份都一样多。它不搞特权,跟十只

狼一样,一人一份。结果是什么呢?这十只狼都造反。为什么造反?狼说我们功劳有大有小,怎么我们都拿一样的,你豹子不劳动怎么还吃肉,这不是不劳而获吗?所以这个狼群群起而攻之,把豹子赶跑了。

豹子跟狮子汇报了情况,狮子说看我的。狮子还是把肉切成11等份,只不过大小不一样。他自己先拿了一块最大的,然后坐在那里,傲然地说,你们看怎么分吧?哗…这十只狼全都去抢,为什么呢?有大有小,它们有了竞争,都想抢到最大的,结果那些狼都不闹事了,狮子逍遥地在那儿享用它的美餐。这是第一天。

第二天狮子改变了一个方式,它还是把这个肉切成11份大小不等,但它自己却拿了两块最大的,然后傲然地坐在那里说,你们看怎么分吧?就只剩下9块肉了,10只狼怎么分?结果这10只狼蜂拥而上,打得不可开交,最后9只狼得到了肉,有一只狼没得到肉在地上奄奄一息,也没有造反。

第三天狮子就把肉分成两块,自己拿了一块,然后剩下的一块扔给10只狼说:你们看怎么分吧?所有狼都蜂拥而上去抢,抢到最后,只有一只力气最大的狼得到了这块肉,它吃饱了之后才分给其他的狼吃,而且是叫谁吃谁吃,都没敢惹他,还是没有狼造反。这是第三天。

第四天狮子宣布,从现在开始就由这这只力气最大的狼来管理狼群,狮子自己当甩手老板了。

从故事中我们可以看到,搞平均主义,好心肠不假,但并没有带来好结果,因而我们反对平均主义。平均主义是剥削,为什么呢?在平均主义下,劳动少的人和劳动多的人获取同等的回报,劳动少的人就无偿地占有了劳动多者的劳动成果,这就是一种剥削。在收入上我们不仅不赞成平均主义,我们还鼓励多劳多得,效率优先。

我们天九幸福集团在这个问题上,曾经也走过弯路。

创业以来,我一直把共同富裕、共同发展作为企业的旗帜。在创业初期我对共同富裕的理解,就是要尽快解决员工的衣食住行,让大家都过上小康生活,过上富裕生活。为此,公司每年都要分红,每次都分光利润。公司分红,大家都很高兴,但是也埋下了隐患,那就是企业没有积累下发展基金。久而久之,穷庙难养富和尚。一些"富和尚"慢慢傲慢起来,尾大不掉,甚至自立门户。

所以,实现共同富裕,一定要以科学合理的方式量力而行。凡是违背客观规律的,最终都会自食恶果。

最后,我想摘用自己在2000年"天九"全员新春联欢会上的讲话作为本章的结语,并与同道中人共勉:

"仅仅我一个人富裕了、发展了,不足为快,天九人都富裕了、发展了,才是我的快乐;仅仅天九人富裕了、发展了,也不足为快,能让天九的客户与天九一起富裕、一起发展,才是天九人的快乐;仅仅天九和天九的客户富裕了、发展了,也不足为快,天九的发展能够促进国家和民族的富裕和发展,才是我们最大的快乐。共同富裕,共同发展,是天九永远不倒的旗帜!"

第三章

构建共同发展的通道

上一章讲了共同富裕,接下来就和大家谈谈共同发展。

共同发展就是让每个人都与公司同步得到发展,从而使得每个人都可以实现人生价值最大化。初唐诗人王勃的名句"落霞与孤鹜齐飞,秋水共长天一色",描述的就是这样一种相互辉映的状态。

第一节 员工需求三部曲

幸福企业的定义在前面已经介绍了,简单讲就是要满足员工不断增长的幸福需要的企业。**员工在职业生涯上的需要,一般可以用致富、成长和当老板三个层次来划分。**

⫷⫷⫷⫷ 1. 致富:员工最基本的需求

致富,通俗讲,就是员工要能挣得满足其生活需要的金钱。现在企业招聘的很大一部分员工,都是刚经历10余年寒窗的毕业学生。他们身上承载的不仅仅是个人的未来,同时也是自己家庭,甚至整个家族的希望。他们也许不期望"十年寒窗无人问,一举成名天下知",但辛辛苦苦那么多年,好不容易开始工作,如果连最基本的致富要求都实现不了,心中的悲凉可想而知。我想这也是负责任的企业家们所不希望看到的。

尤其在北京、上海这样的城市,买房、买车、结婚、生子等都需要巨大的投入。只有把这些问题解决好了,才能谈得上幸福。

企业一定要充分重视员工的致富需求,从制度层面保障员工的致富权利。

2. 成长:不仅要"鱼",而且要"渔"

员工需求的第二个层次,是成长。

> 一位老翁在河边垂钓,两个年轻人走来,都非常羡慕老翁鱼篓中闪耀金光的大鲤鱼。其中一个聪明人先说:"老丈,您的鱼太好了,我想得到它。"于是老翁将金色的大鲤鱼送给了他。另一愚钝的人说:"老人家,您的渔艺太神了,我想得到它。"于是老翁让他坐下来静心学习垂钓。
>
> 多年过去了,两个年轻人也成了老汉,聪明人因为只会吃现成的而一事无成,并且再也没有人送给他什么东西。而愚钝者却凭着自己手中的渔艺和耐得住寂寞的劳动,成为富有且受人敬重的人。

致富就是企业给员工的"鱼",鱼吃完就没了,以后饿了又该如何呢?企业不是慈善机构,也没有取之不尽用之不竭的财富积蓄。而且,企业的财富都是来自员工的创造。员工不断成长,才能为企业带来更多的价值。

员工的成长有两个因素,首先是自己自觉的成长,其次是企业要为其成长创造有利的条件。这些条件,包括企业有意识的栽培、锻炼,教给员工成长的知识等。

老子说:"授人以鱼,不如授之以渔,授人以鱼只救一时之急,授人以渔则可解一生之需。"掌握"渔"的本领才是长久之计。通过企业和企业家对员工成长的规划和培养,让员工拥有可持续发展的能力,就是授之以渔。

国内IT巨头联想集团就非常重视员工与企业的共同成长,在对员工的培养过程中,不仅给员工"鱼",更给员工"渔"。

首先,联想针对每一位员工认真设计和安排相应培训。"入模"是联想的一个惯用语,指每个进入联想的员工都需进入联想的模式,成为与联想需要相符的联想人。"入模"教育分为两层:一层是针对一般员工的;一层是针对管理人员和骨干的。

一般员工"入模",最基本的要求就是要按照联想的行为规范做事,就是要接受联想基本的企业文化。行为规范主要是由财务制度、库房制度、部门接口制度、人事制度等等一系列规章制度组成,以岗位责任制为核心。这些制度是以民主集中制和按劳分配为指导思想,与员工的基本利益相符,可以很快地被员工接受。员工受到压力进入"模子"后,个人的综合素质和能力也就得到了提高。

管理人员和骨干人员"入模",除了上述的要求外,还有更高层次的要求。第一,要有牺牲精神,在工作中要迎难而上、任劳任怨、胸怀宽广、不谋私利;第二,要有堂堂正气;第三,要坚持集团的统一性;第四,要有全局眼光,知道负责的工作在企业中的位置;第五,要会带队伍;第六,要有求实精神;第七,要有为民族做一番事业的理想。

联想主要通过三项工作来保证"入模"的质量:一是办好联想管理学院,管理学院系统地进行"入模"教育;二是加强党组织对员工的思想教育;三是每周六下午两小时的学习讨论会。"入模"教育是个手段,其目的是让全员形成统一的思想,以"平等、信任、欣赏、亲情"的做人风格、"认真、严格、主动、高效"的做事风格、"诚信为本"的道德观等一系列企业核心理念培养高素质的联想人。拥有了这些之后,员工们也就拥有了成长和发展的真正资本。

除了入模培训,为了让员工在工作中能够时刻保持成长,联想还为员工制定了周密的在职培训计划。在职培训的内容则分为四个方面:企业文化与战略、管理技能、职业技能、专业技能。在职培训形式也是多样化的。首先是轮岗。即使是公司的老员工,也会获得轮岗的机会,去承担具有挑战性的工作,提升自己的能力。第二是任务锻炼。一些企业在每个重点项目中怕用新人,怕把事做砸,都是派出最强的阵容。但联想就敢于让新手上阵,哪怕做点牺牲也要给新人得到锻炼的机会。集团会给他们配备"教练",随时"点拨"或"解围"。这样下来,任务完成了,新人也得到了锻炼,一旦老员工空缺,或公司同时需要组织若干个市场活动时,联想就不会出现人员断档现象。作为一种要求,各部门各级人员都必须有意识带新人。

类似联想员工这样的成长机会是很多员工梦寐以求的。可以这么说,一个没有成长诉求,只想混日子的员工是老板的噩梦。但我认为,当员工表达出了强烈的进取心,你没有为之提供平台,这样的老板也是很不合格,迟早要被员工抛弃的。要实现企业与员工的共同发展,就一定要给员工充分的成长机会。

3. 当老板：告别打工，走向老板

员工需求的第三层次，是当老板。

拿破仑说，不想当将军的士兵不是好士兵。这话可能有点绝对，但表达的境界是很值得赞赏的。我通过大量调查，得出了一个结论，那就是：80%以上的员工都希望自己当老板。当老板是实现自我价值的需要，是职业人追求的最高目标。

大多数老板一听到这个话题，表现得很紧张。员工们都起来当老板，那我干什么？这个需求，还是别谈了吧，根本不可能满足。

其实完全不是这回事。

老板的概念不一定是拥有100%的股份，股东就有老板的概念。员工完全自己做是老板，给他一点股份也是老板。总之他希望通过这个形式，最大限度的使自我价值得到实现，这也是马斯洛所说的最高需求——自我实现。不同的人需求不一样，同一个人在不同的发展阶段需求也不一样，这些都是显而易见的。但无论如何，"水往低处流，人往高处走"，是永远不变的规律。

著名的墨菲定律告诉我们，往往你越怕发生的事情，越会发生。想当老板，在我看来，并不是洪水猛兽。如果某个员工真有这个想法并且具有能力，你应该正视这个现实，并且还应该提携他、投资他，和他共同发展。大家联合起来，一同把蛋糕做大，有什么不好？反过来说，你若打压，把他逼为足以让你寝食难安的竞争对手，恐怕后悔的就是你自己了。

蒙牛和伊利的故事就是很有力的说明。蒙牛创始人牛根生原来是伊

利的员工,他聪慧好学,有着诸多富有见地的想法和创意,也屡屡向相关负责人表达过自己的思想和见解,但总是不能得到满意的回应。最后,牛根生选择了离开伊利,和一批志同道合的人创立了蒙牛,将自己的满腔热情付诸实践。后来,蒙牛的发展众所周知,其成长速度在世界乳业中排名第一,有媒体称之为"一头牛跑出了火箭的速度"。同时蒙牛也成为伊利重要的竞争对手。

试想一下,如果当时伊利的领导了解到牛根生的雄心壮志,果断地给他一个分公司,让其放开手脚大干,那后来著名的"蒙牛"充其量只是伊利属下发展最好的公司,怎么会搞得老东家这么头疼呢?

所以,在我看来,员工想当老板非但不足惧,反而应该大加鼓励。培养一个能够独当一面的同盟者总比使之成为一个致命的竞争者更好吧!这其中的利害得失,值得每一位企业家深思。

在我们"天九",我摸索出了一套专门为那些有老板梦的员工量身打造的机制,这就是企业家孵化器。在天九幸福集团,员工有多大的能力,我们就给他们提供多大的舞台,让员工发展没有"天花板"。我们的理念是:告别打工,走向老板。有本事就来拿,拿不到怪自己。企业家孵化器的具体内容将在后面章节中详细介绍。

第二节 打破员工头上的"天花板"

员工要成长,要晋升,没有通道不行,如果总是有一块天花板压在员工晋升的头上,员工一定叫苦不迭。我们平日里常见的宣传标语"要致富,先修路"就很能说明这个问题。我认为,建设幸福企业,企业家们也应该为员工的成长构建绿色通道,要打破员工晋升途中的天花板。

1. 猎人族故事的启发

关于员工成长和晋升的途径,不同的公司不尽相同。有的平淡无奇,有的别具匠心。毫无疑问,前者对员工的吸引力肯定不如后者。那些真正重视员工,坚持以人为本的企业,必然会在这方面下工夫。这也是共同发展的重要保障。

零售业巨子沃尔玛公司努力让员工获得多种机会和广阔的空间去经营自己的职业生涯,实现个人的职业理想。其用人原则由原来"获得、留住、成长",转变为"留住、成长、获得"。这不是简单的调换位置,它体现了沃尔玛用人指导思想的变化,更加重视从原有员工中培养、选拔优秀人才,而不是在人才匮乏时一味地从外部聘用。此外,沃尔玛非常关心新员工在进入公司90天内的感受,不愿意让新员工在沃尔玛有失落感。为此,公司指派老员工为新人的"导师",同时,公司还分别以30天、60天、90天为阶段,给新人的进步打分。表现出领导潜力的新员工还会被送到总公司培训。这些未来的经理会轮流在沃尔玛的各个分公司工作,这就是最受推崇的公司所提倡的"经理人在一个单一公司里,却拥有复杂的工作经历"。

有成就的企业为了培养员工,激励员工,对其成长都是煞费苦心的。这些企业都会努力地构建一系列渠道,使得员工可以通过这些渠道实现快速的成长和得到提拔。下面我和大家分享一个很有意思的猎人族故事。

在一个猎人族里,族长拥有绝对的权威。所有猎人一齐上山打猎,并把所有打到的猎物交给族长。一开始族长对所有猎人实行平均分配,不管你的收益如何,都能均等地获得回报。有一天,两个猎人上山打猎,看到一头大野猪。其中一位猎人十分拼命,想制服这头野猪。这时,另一位猎人说:"算了吧,打野猪那么辛苦,反正我们族长对大家都一样,不论打到什么猎物,打到多少猎物,最后分的都是一样多。我们还是去打一些小野兔,这样既轻松又安全,即使什么都打不到也没有关系。"

这话传到了族长的耳朵里,族长想,这位猎人说得对呀。我要想获得更多更好的猎物,就得想个办法,消灭"大锅饭",按照猎人的收益来进行分配,调动猎人的积极性。族长决定对全族的猎人实行论功行赏。

于是族长召开全族猎人大会并宣布:从此以后按照每一位猎人打到猎物的多少来进行分配,多打多得,少打少得,要是打不到猎物也就什么也分不到。

这一招果然有效,猎人们打猎物的积极性大大提高,每天打到猎物的数量大大增加,因为谁也不愿看见别人能多分到猎物,而自己只能眼巴巴地看着。

可是,一段时间过后,一个新问题出现了。族长发现猎人们虽然每天都打到很多猎物,但是猎物的个头却越来越小。而且基本都是一些小野兔、小山鸡、小狐狸之类的,一些大型的猎物,比如大野猪、野鹿、山羊等,一个都看不见。

族长疑惑不解,于是,他便去问猎人:"最近你们抓的猎物怎么越来越小了呢?"

猎人们说:"大猎物跑得快,比较难打,甚至有些大猎物还有可能伤着自己,而小猎物就不一样了,打起来比较轻松。反正,按你的规定,大的小的奖励一样多,只要有数量就可以了,我们又何必费更多力气去打大猎物呢?"

族长终于明白了,原来是奖励的办法不科学。于是,他又宣布:从此以后,每位猎人的分配不再和猎物的数量挂钩,而是与猎物的重量挂钩。

此招一出,猎人们的积极性再一次高涨,打到猎物的数量和重量都远远超过了以往。族长对此非常高兴。

遗憾的是,好景不长。一段时间过后,新的问题又出现了,族长发现,猎人们打猎物的积极性在逐渐下降,而且是越有经验的猎人下降得越厉害。

这又是什么原因呢?为了调查清楚,族长又去问猎人。

猎人们对族长说:"族长啊,我们现在身强体壮能抓到猎物,等到我们以后老了,跑不动了,打不到猎物了,我们还能分配到东西吗?"

族长一听,终于明白了其中的原委,原来猎人们需要养老保险。于是他进一步完善激励机制,并对所有猎人宣布:每一位猎人每个月打到的猎物达到一个规定的量以后,多余的部分可以转化为将来分配收益的贮存。将来猎人老了,打不到猎物了,就可以享用这些贮存。

这个决定宣布之后,猎人们群情激昂,打猎的积极性空前高涨。过了一段时间之后,一件意想不到的事情发生了。一些优秀的猎人开始离开猎人族,离开族长,自己打猎去了。

族长这下犯愁了,他百思不得其解。万般无奈之下,他决定直接去向离开的猎人们询问。族长把5名出走的最优秀的猎人请到了一起说:"猎人兄弟们,我实在不知道我们的制度有什么不对的,你们为什么一定要离开猎人族呢?"猎人们对族长说:"族长啊,我们离开猎人族,离开您,自己去捕猎,也不仅仅是为了多分得一些猎物,更重要的是我们有一个梦想,我们希望有一天我们也能像您一样,成为分配者、管理者。"族长听后,恍然大悟,原来他们是想实现自我价值!

族长经过较长一段时间的潜心研究,终于找到了解决方案。他成立了一个猎人股份有限公司,出台了三条新政策:第一条,实行优者有股。优秀的猎人可以将贮存的猎物转化为公司的股份,并根据贡献率每年奖励一定数量的股份期权,使优秀的猎人有机会在公司发财;第二条,实行贤者终身。连续3年或累计5年被评为优秀猎人者,可成为终身猎人,享受一系列诱人的优厚待遇;第三条,实行强者孵化。优秀的猎人可以随着业绩增长,逐步成为经理、总监、总经理、董事长,实现做老板的梦想。

这一招十分灵验。从此以后,不仅该公司优秀的猎人对族长忠心耿耿,而且其他地方的优秀猎人纷纷慕名加盟,族长的公司越办越火,长盛不衰。

猎人族的故事寓意深刻,每个猎人都拥有一个成长和晋升的梦想,如果族长不给猎人创造这个通道,优秀的猎人终将离开。因此,要留住员工,就应该给员工创造成长和晋升的通道,给他们实现自我价值的舞台。

⋘ 2. 构建员工成长的绿色通道

一份调查显示,在《财富》杂志"最受尊敬的公司"的排行榜上,许多名次排在前列的公司不但业绩受人瞩目,而且在完善员工发展机制方面也很有作为。

据我所知,在IT巨头微软公司,企业对员工的职业发展进行了详细的规划。达到什么样的程度就可以晋升什么样的职位,还有如何努力才能成长达到那个层次,公司能为你提供何种资源,例如你可以选择谁作为你的导师,可以到哪些地方找寻到你所需要的资料,如何来整合这些资料等等。可以想见,这些东西对刚入职的员工是具有强烈的吸引力的。它不但使得员工职业目标清晰明确,还能以最有效率的速度投入到工作中去。正是因为员工的发展有保障,诸如微软这样的大公司才能发展到如此之大的规模。所以让员工发展,是绝对没有错的,这也是企业能做的最有收效、回报率最高的投资。

⋘ 3. 企业家孵化器:让员工当老板

员工晋升的终点是什么？是当老板。与猎人族故事所表现的模式如出一辙,我们天九为了圆员工的老板梦,创立了一套独特的商业模式:企业家孵化器。

我们所面对的新经济时代,是一个令人振奋、令人鼓舞的时代,也是一个创造神话、创造奇迹的时代！新经济的魔方不仅神奇地创造着巨额的财富,而且魔术般地变幻着财富分配规则,奇迹般地造就着"一夜暴富"的经济英雄。

微软公司仅用20多年时间,股票市值就超过全美三大汽车公司的总和;雅虎公司短短4年发展,市值就达百亿美元;网景公司一夜之间从默默无名变成企业巨星……

究竟是什么因素促使这些企业和人才如此迅速地发展呢?透过这些神话和奇迹,我们能不能找到新经济时代的创业模式呢?答案是肯定的,那就是组织创业。

所谓组织创业,就是由政府、企业和其他相关组织帮助个体创业,以降低创业成本、创业风险,提高创业效率和创业成功率的一种创业模式。时下风靡世界的企业孵化器和风险投资,就是这种创业模式的典型代表。有人把企业孵化器比作高科技企业的孕育者和加速器,把风险投资比作高科技企业的接生者和催化剂,我认为是十分恰切的。利用企业孵化器催生高新技术企业,借助风险投资实现企业腾飞,已成为新经济时代的创业规则。那种靠个体单打独斗、"自然分娩""多年媳妇熬成婆"式的传统创业模式,已远远不能适应合作竞争、快者生存的新经济时代。可以说,如果没有企业孵化器或风险投资的介入,比尔·盖茨、杨致远等人即使有三头六臂,也不可能创造出上述奇迹。由此可见,组织创业是新经济时代的加速器,也必将成为新经济时代创业模式的主流。

企业孵化器和风险投资虽然是实现组织创业的很好形式,但也存在一个明显的问题,那就是没有把企业家的培育放在首位。众所周知,企业家是企业的灵魂。一个人如果只有美的灵魂,没有好的体质,是次品;只有好的体质,没有美的灵魂,是废品。企业也是一样,企业孵化器和风险投资在为企业提供工作环境、资金、管理等"强身健体"方面发挥了巨大的作用,如果能在帮助企业"塑造灵魂"方面也发挥同样的作用,那就可以产生更多的比尔·盖茨和乔布斯。

基于上述思考,我们天九公司提出了建立一种全新的组织创业模式——"企业家孵化器"的构想。企业家孵化器是我首创的产业化培育企业家的组织创业模式,并于1999年年底在天九率先实践,2005年成功实现产业化,并逐步形成了营销孵化、战略孵化、创业孵化三大孵化系列。集团所有员工都有机会通过孵化而成为老板,小老板可以通过孵化成为大老板,成功企业也可通过战略孵化实现低成本高速扩张。

企业家孵化器是全球首创的一种全新商业模式,具有三大特色:第一是以清晰、科学、可行的孵化程序、孵化标准,给人才展示一个明确、稳定而富有魅力的预期,充分体现"以人为本"的经营思想,有利于吸引人才、激励人才、留住人才,使企业具有旺盛的人气;第二,它通过吸纳企业孵化器、风险投资、创业培训、集团化管理等优势,进行优势整合,可以产生"1+1>2"的整合效应,"99+1=100"的质变效应,"100+1=200"的裂变效应;第三,通过实现个体目标来实现组织目标,符合个性化、联盟化的世界潮流,可以有效地整合企业目标与人才目标,形成共同愿景。

2000年9月12日,为推广企业家孵化器这一全球性创新成果,科技部、商务部、中国社科院、北京市政府等有关机构在北京人民大会堂联合举办了"新经济与企业家孵化器国际论坛",成思危、陈锦华等有关国家领导人和相关部委领导,诺贝尔经济学奖获得者克莱茵等有关专家,微软、联想等著名企业领导人也出席了论坛,并对企业家孵化器给予了高度肯定。新华社、人民日报、中央电视台等几百家主流媒体进行了满腔热忱的报道。大会认为企业家孵化器的主要价值和贡献在于能够克服个体创业的弱点,发挥组织创业的优势,提高创业成功率。

企业家孵化器是一种集企业孵化器、风险投资、创业培训、集团化管理等特征于一体,在创办企业的过程中培育企业家,通过培育企业家而办好企业的一种组织创业模式。下面,我用一个故事作个形象的说明:

有一个企业孵化专家、一个风险投资家和一个创业培训专家决定联合举办一场游泳表演。他们进行了严格的分工:风险投资家负责提供资金,企业孵化专家负责修建游泳馆,创业培训专家负责挑选和培训运动员。几个月过去后,培训专家挑选的10位运动员经过严格考核,游泳理论知识全部合格。此时,游泳馆也建好了,于是,游泳表演正式开始。只听一声枪响,10个运动员一齐跳进了游泳池,只见个个往下沉,原来,他们只是学习了游泳的理论知识,却从未下过水。眼看就要出人命了,而3个举办人却互相推诿,见死不救。培训专家说:"我只管上课。"孵化专家说:"我只管温度。"风险投资家说:"我只关心回报。"结果,9人都淹死了,只有1个人幸运地碰到了池边,活了下来。开总结会时,培训专家说:"当时,我很想去救,但我不会游泳。"孵化专家说:"我也很想救,但怕越权。"风险投资家说:"我的理念是低成功,高回报。有风险是正常的,全世界风险投资平均成功率只有7%,这次达到了10%,我心足矣。"最后,经过激烈的讨论,大家终于达成共识,找到了失败的根本原因:一是大家的合作,只是简单的组合,不是有机的整合;二是没有坚持以人为本的经营理念。于是,他们决定,将企业孵化器、创业培训、风险投资及其他相关资源整合一体,联合成立一个公司,请那位活下来的运动员做总经理,他们3位做董事。该公司的宗旨是:帮助创业者创业,帮助投资家赚钱。业务定位是:庭栽栖凤树,池养化龙鱼。业务广告是:"本单位只收贤才,带着脑袋就可进来。公司由我办,风险由我担,成功了给你股份和期权,股份多了你就当老板。"由于该公司给人们展示了一个明确、稳定而富有魅力的预期,人才蜂拥而至,生意红红火火。那个公司就是"企业家孵化器"。

从上述故事可以看出,企业家孵化器具有三个明显的特点:

一是人本优势。企业家孵化器的宗旨充分体现了以人为本的经营理念,可以最大限度地吸引人才、留住人才以及调动人才,从而使企业具有旺盛的人气。

二是整合优势。企业家孵化器通过把企业孵化器、风险投资、创业培训、集团化管理等特征熔为一炉,进行优势整合,必然产生"1+1>2"的整合优势。

三是双赢优势。企业家孵化器的利益模式是通过实现员工利益来实现企业利益,是"小河有水大河有"的模式。与"锅里有碗里才有"的传统模式相比,更加符合个性化和人性化的世界潮流。

这些优势必然转化为经济优势,从而使孵化器获得良好的回报。

只有当员工能够清楚地看到自己在组织中的发展前景时,他才有更大动力为企业尽心尽力地贡献自己的力量,与组织结成长期合作、荣辱与共的伙伴关系。2010年8月18日,在人民大会堂举办的《华商之歌》大型晚会上,朱军和春妮深情地朗诵了我的诗《心愿》,我百感交集。这首诗是我2000年为企业家孵化器而写的,现在也是华商服务宣言。

你是雄鹰

我就是天空

　　在我蔚蓝的华盖下

　　自由地翱翔

　　是你的梦想

　　也是我的梦想

　　你是小鸟

　　我就是森林

　　在我寂静的枝丫间

　　欢快地鸣唱

　　是你的幸福

　　也是我的幸福

　　你是青藤

　　我就是大树

　　在我粗犷的躯干上

　　亲密地攀升

　　是你的心愿

　　也是我的心愿

　　企业家孵化器致力于为每位创业者打造"快速致富、快速成长、快速成为企业家的绿色通道",彻底解决了传统企业金字塔组织结构造成的人才成长瓶颈问题。

　　企业家孵化器是我们"天九"贯彻"共同富裕,共同发展"理念的重要途径。

企业家孵化器，彻底颠覆了传统企业的经营管理模式。传统企业的经营管理模式是：让所有员工经过共同努力，把一块蛋糕做大，然后给每个人分一点。而我们创建的企业家孵化器却是：让每一个人都去做蛋糕，并且公司帮助他们做蛋糕，他们的蛋糕做成之后与公司分享，做蛋糕的人越多，公司收获的也就越多。所以，我们鼓励员工告别打工，走向老板。

迄今为止，我们通过三种孵化模式已成功孵化出100多家企业，未来，将有更多的企业雨后春笋般孵化出来。

第四章

建设"受人尊敬的企业"

CCTV会定期举行"雇主企业员工幸福感及心理健康状况调查",调查过程中问到很多关于员工幸福感方面的问题。有意思的是,当雇主企业员工被问及:公司最吸引员工的因素是什么?同时给出与公司相关的18个选项时,大部分员工选择了"公司形象和声誉"作为第一因素。值得注意的是,"福利"选项被排在第7位,"薪资"则落到第11位,"晋升空间"也仅仅排在第12位。

这说明了什么?我想,这并不是意味着福利和薪资对员工不重要,而是说明:在福利和薪资处于正常水平时,员工选择了最能够提升自尊心和自豪感的选项。企业声誉和形象,对他们而言,就意味着满足和幸福。

因此,我认为,建设一个"受人尊敬的企业"也是提高员工幸福感的重要因素。要想建设一个真正幸福的企业,就必须建立一个"受人尊敬的企业",营造良好的公众形象。

第一节　至诚至信,脱离奸商的低级趣味

有个词叫"无奸不商",毫无疑问,这是对商人的一种偏见。但这偏见并非空穴来风,现实中确实有很多商人是靠"奸"获得成功的。当然,他们的成功仅限于金钱。

我在下海经商之前,也一度认为无奸不商。但从决定下海那一天开始,到现在已经 21 年了,我一直在坚持至诚至信的原则,一直在努力脱离奸商的低级趣味。事实证明,这不仅是可行的,更是走向商业成功的最佳途径,因为只有真正诚信的企业才能赢得尊敬和信任。

1. 至诚至信终久在,无诚无信终久败

诚信被称为公民的第二个"身份证",在我看来,诚信也应该是企业的"身份证"。经营企业 20 多年来,我一直严格要求自己和员工,要让诚信成为我们的企业名片。因此,"至诚至信,天长地久"一直是我们企业的核心价值观。而且,诚信不是写在纸上,不是说在嘴里,而是要落实到行动中。

记得 1993 年春节,那时公司刚成立不久,年底剩下的资金很有限,准备要给员工发福利。正巧我的一位老师来找我,让我帮忙推销他的书,一边是老师的恩情,一边是员工的福利,让我左右为难。经过权衡,我买下了 1000 本书,给每个员工发了 50 本作为新年福利,如果把书卖了就变成红色。我不能欺骗我的员工,我向他们坦承,我是为了报答师恩,也希望我的员工能够尊重知识,我承诺以后会把这次福利补回来。即便我的员

工尊重我的决定,没有任何抱怨,我还是感觉很愧疚。1995年初,我决定把当年发给员工的书高价购回。当年我按照2元/本的价格发的,回购时我给出每本50元的价格。当时有人问我,有这个必要吗?我和他们强调,很有必要,无论做人还是做企业,都要坚守诚信。

对于个人而言,诚信是立身之本。李嘉诚说,诚信不仅是一种美德,更是一种实力和信心的象征;信誉、诚实,也是企业的生命,有时比自己的生命还重要。为人处世,要诚实可靠,一经承诺,就要坚守诺言。

对于企业而言,诚信是生存和发展的基础。李嘉诚先生之所以能够在商业经营上获得非凡成功,荣登亚洲首富的宝座,也与他的诚信经营原则紧密相关。奔走商场几十年,他始终恪守的一条原则就是"讲诚信",他说:"有些生意,给多少钱我都不赚;有些生意已经知道对人有害,就算社会允许去做,我也不会去做。"要总结李嘉诚的成功之道,不外乎一句话"靠诚信赢得天下"。通用电气公司也是诚信原则的恪守者,在致其股东的一封信中,通用首先讲的就是企业诚信问题,"诚信是我们价值观中最重要的一点。诚信意味着永远遵循法律的精神。但是,诚信也不只是个法律问题,它是我们一切关系的核心"。

诚信对于一家企业如此重要,相反,如果一家企业不讲诚信,再大的事业都是建在沙滩上的建筑,总有一天会坍塌。

2012年11月19日,国内知名白酒品牌酒鬼酒被曝出含塑化剂,此消息一出,犹如重磅炸弹,酒鬼酒开市即停牌。这一事件进一步也波及到整个白酒行业,有消息曝出我国白酒行业普遍存在塑化剂超标问题。不管事实究竟是怎样,消费者总是更愿意"宁可信其有"的,质量问题让酒鬼酒深陷诚信漩涡,带来了效益的严重下滑,酒鬼酒要再续辉煌谈何容易。

这样的案例还有很多,再如南京冠生园、蓝田股份,还有最近的肯德基速成鸡问题。很显然,不诚信的代价是巨大的。企业如果不守信用、不讲信誉,践踏道德和法律,就会造成内部人心涣散、效益滑坡;外部恶名远扬,终究会轰然倒地,退出历史舞台。可以说,诚信是企业的生命线,谁践踏诚信,谁就会受到惩罚。

根据有关部门对300个世界大公司的调查发现,那些严格遵守商业诚信原则的公司比没有严格遵守诚信原则的公司,为股东多创造了两倍的价值。缺乏诚信给公司带来了重大损失,美国安然公司损失12亿美元,美国世通损失高达38亿美元,南京冠生园损失40亿人民币。这些醒目的数字让我们再一次看到了商业中诚信的无比重要的作用,正所谓"市以诚为本,诚以信为基,信以德为源",诚信是企业的"立业之道,兴业之本"。

实际上,不管一个企业属于哪一行业,经营哪一种产品,最终经营的都是企业的信誉,换句话说,就是诚信。美国哥伦比亚大学商学院《跨国公司竞争力》课题组在研究世界500强时发现,企业的竞争力最终决定于它在一系列价值中如何进行选择,诚信经营的价值理念才是企业竞争力的真正源泉。

令人感到遗憾的是,在当下的社会环境中,诚信已经不是某些人的问题,而是已经蔓延成为一种普遍的社会病。那么在这个时候,企业越是能够恪守诚信原则,就越能赢得消费者的认可和信任,从而在建设受人尊敬的企业道路上迈出一大步。

2. 坚守"为商三原则"

按理说,"商人"这个词应该是个褒义词,因为这个世界上最聪明、最勤快的人就是商人,但是,因为一部分奸商的不良行为,"商人"这个词被丑化了,所以,在1995年下海经商之前,我认为商人的主流理念和我自己重情、重义、重信的做人原则是相冲突的,导致我一度非常犹豫,到底要不要下海经商?我担心自己一旦下海,要么赚不到钱,要么也会变成一个奸商。

后来,在妻子的全力支持下,我经过反复的思考,认真的权衡,最终决定下海经商。不过,我给自己制定了**"为商三原则":追求利润,但不唯利是图;勇于竞争,但不伤天害理;等价交换,但不斤斤计较**。这三条原则归结起来,其实还是要落到"至诚至信"上。我就是要在追求"至诚至信"的过程中,脱离奸商的低级趣味。

经商这些年,我一直严格恪守着自己的经商原则。每当面对重大决定时,我会毫不犹豫地选择按照原则办事,虽然我因此失去了一些在别人看来赚大钱的机会,但我一点也不后悔。君子爱财,取之有道。"不义而富贵,于我若浮云"。企业面临的诱惑太多了,如果没有原则,可能会有短暂的"兴旺",但同时也会给企业埋下"定时炸弹",这样的企业最终是要走向毁灭的。我不仅自己时刻恪守这三原则,同时也要求公司所有员工都要坚守这三条原则。

2006年,我们天九集团有个叫阿祥的业务骨干,业绩高居第一,按我们的奖励机制,会获得年终价值20万元的汽车奖。但集团接到了客户的投诉,反映阿祥虚假宣传,我得知消息之后,在向客户全额退款的同时取消了阿祥获得汽车奖励的资格。我想让他明白对客户不诚信,吹牛说假话是要上税的。这对年轻人的成长也有好处。

针对这件事,我们公司对于不诚信的行为制订了严厉的处罚制度。

我们和所有员工签订诚信经营协议书,并收取诚信保证金,为当月工资的30%(次月才发放)。员工一旦有不诚信的行为,我们就会扣除保证金。如果员工累计有两次不诚信行为,就开除。情节严重的,还根据情况移交司法机关。

我刚开始推行这个制度的时候也有很多员工不理解,认为这个制度未免过于严厉了。然而,我依然坚持了下来。要建设一家受人尊敬的企业,首先就要做出让人尊敬的事情来,所以,在诚信的问题上没有任何妥协的余地。

西方人做事情,一般有两个答案:Yes 或 No。而我们中国人做事情,有时候会多了一个答案:Not Given,也就是说,在"是"和"不是"之间再开辟一片"灰色"地带。我非常反对这种做法,因为走中间的道路容易失去原则和立场,最后可能陷入一个"里外不是人"的窘境。有些事情不能做就是不能做,连一次都不行,诚信贵在恪守。日本有一个小西染布公司,可以说把恪守原则这件事做到了极致。

我们知道,布匹的颜色是印染出来的,如果质量不过关,很容易掉色。但是,小西公司因为采用德国进口的上好染料,布匹质量非常好,洗涤、日晒均不改其色。因此,每年都会向日本的皇室进贡很多布,在市场上更是十分畅销。第一次世界大战时,日德交恶,小西公司的董事长找到皇室的采办说:"实在抱歉,我们的布恐怕无法再给天皇进贡了。德国的染料进不来,日本的染料染的布实在不成样子,等到仗一打完,德国的染料一进来,我们马上染好布,给天皇送来。"

说完后,他就回到公司,把所有人叫到跟前,让人把库里的布抬出来,他亲自用刀一匹匹地割断。他预感到自己活不了多久,怕自己死后,有人利欲熏心，用日本的染料染了布以次充好拿出去卖。第二年，他死了。几年后，战争结束了，公司又重新进了染料，开始染布。从此之后，他们把布的质量看得比生命还重。

这个公司出产的布，大家闭着眼睛都可以去买，相信他们相信到这种程度。这是什么？这就是企业的尊严。日本小西公司的会客室，至今悬挂着一块断断续续的布。这是他们董事长当年割断的布，旁边记录着上述的故事。他们以此为傲，这是他们的信念，他们的尊严。

台湾著名企业家王永庆也非常注重经商原则，他生前曾经说过这样一句名言："要修养被尊敬的人格，需经过长时间的被信任，但人格破产只需做错一件事。"

我们要想建设受人尊敬的企业，就要确立自己明确的立场和原则。不仅要在法律线和道德线之上，做正确的事情，而且要用最高的道德标准要求自己，做一个至诚至信的企业，与奸商的低级趣味彻底划清界限。否则，今天做"君子"、明天做"小人"，别说是建设受人尊敬的企业，恐怕离破产也不会太远了。

第二节　既富且仁，勇担社会责任

衡量一个人是否成功的标准，不只限于金钱。同样，是否算得上是成功企业，也不仅在于创造了多少利润，还要看它为我们这个社会做出了多少贡献。真正受人尊敬的企业，一定是勇于承担社会责任的企业。

我的经验告诉我，分享财富是让财富"升值"的最佳方法，在感动别人的同时，也必将会收获属于自己的幸福人生。

1. 义利兼顾，以义统利

"为富不仁"一词，说的是富人唯利是图，为了发财致富，不择手段。现实中也的确有不少商人是这么做的。甚至有人说，赚钱的最佳区域是在法律线之上，道德线之下，这更是让我心里充满惆怅，为他们的现在担心，更为他们的未来担忧。难道成为富人，就必须要"不仁"吗？

我坚定地认为，一个真正的商人应该是既富且仁的，也是勇于承担社会责任的。拥有再多的财富，实际也只是一个数字，只有懂得分享财富、奉献爱心，才能让财富变得真正有意义。

有些企业家觉得自己缺乏幸福感，我觉得就是因为分享得太少。陈光标先生说，他因为做慈善，晚上做梦都会笑醒，这就是财富分享带给他的幸福感。还有些企业家说缺少被人尊重的感觉，我觉得还是因为奉献得少。这些年，我和我的家人一直坚持做慈善，从中获得了太多的幸福。财富本来就是取之于社会，获取财富之后当然也应该回报社会，这才是一个真正的企业家应有的境界。

企业家是一个企业的领头羊，只有企业家自身首先做到义利兼顾，才有可能建设出义利兼顾的企业。令人欣慰的是，近几年，中国有越来越多的企业正在承担起更多社会责任。中国社会科学院经济学部企业社会责任研究中心连续 4 年编著《中国企业社会责任发展报告》，从责任管理、市场责任、社会责任、环境责任四个维度评估企业的社会责任承担情况。2012 年的报告指出，中国企业社会责任发展指数逐年升高，处于卓越水平的企业由 1 家增加到 3 家，处于领先水平的企业由 13 家增加到 29 家，处于追赶水平的企业由 28 家增加到 42 家，处于起步和旁观水平的企业由258家降至226家。一方面,我们看到中国企业承担社会责任的观念还很缺乏,另一方面,我们也看到,越来越多的企业开始关注我们的生存家园、关爱我们的社会环境,主动去承担更多的社会责任。以下是2009—2012年300家中国企业社会责任发展指数变化,如图6所示:

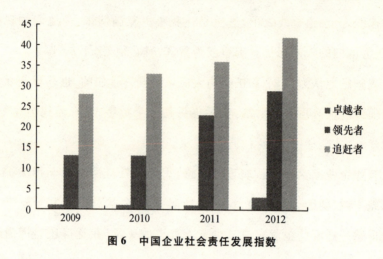

图6 中国企业社会责任发展指数

从2011年开始,我们世界杰出华商协会和天九幸福集团先后发起了"三千工程"。第一个工程是"中非希望工程",计划组织中国民营企业家在非洲各贫困地区捐建1000所希望小学。第二个工程是"感恩家乡义诊工程",计划在全国倡建1000所农村免费诊所。第三个工程是"中国创业天使孵化工程",要帮助1000名大学生成功创业。"三千工程"得到了联合国秘书长和多国领导人的关注,得到了杰出企业家的大力支持,国内外媒体好评不断。当然,在开展"三千工程"的过程中,我和我的员工们也得到了快乐和幸福。

回报社会,是企业作为社会公民应尽的义务。我相信,一个企业只有做到义利兼顾、以义统利,才能赢得社会的尊重,也才能基业长青。

2. 让"富二代"成为"仁二代"

一个成功的企业家,不仅要关注自己的企业,还要关注自己子女的成长。当下有关富二代的负面新闻越来越多,酒后驾驶,超速撞人,威胁记者,炫财斗富等等,一提起"富二代",人们首先想到的就是纨绔子弟的不良形象。我相信,任何一个企业家都不希望自己的子女沦落为千人指万人骂的"富二代"。那么,我们应该做些什么,孩子们的出路又在哪里呢?

他们不缺少资源,金钱不必说,他们还有机会获得最优质的教育,能够结识高层次的人脉,有很多机会出国看世界,拓宽视野。在万事俱备的情况下,他们能否实现人生价值的关键就在于选择。

让我欣慰的是,我女儿卢星宇虽然身为"富二代",但却一直勤学上进,而且很出乎我的意料,她还提出了"仁二代"的理念。我认为这是一个很好的理念,也是值得期待的所有"富二代"的发展方向。

我女儿从美国留学回国后对我说:"我一不想当官,二不想挣大钱,就想专心做一个职业慈善家!"开始的时候,我不理解,哪有这样的职业?钱从哪里来?怎么实现?一堆的疑问。我的女儿给我解释,在西方,有专门做慈善的职业,而且是很受人尊敬的职业。而在中国,这一职业还只有很少人了解,所以更需要有人积极去实践,从而给社会带来更多的价值。她小小年纪,却拥有如此崇高的理想,我被触动了,也决定要全力支持她的这一选择。

之后,她开始做"中非希望工程",具体由世界杰出华商协会和中国青少年发展基金会等联合发起,目的是让中国的希望工程走进非洲,为非洲捐建1000所希望小学。首先,她把自己从小到大得到的100多万元红包拿出来,作为"中非希望工程"的第一笔基金。孩子能够做到这一点,我觉得很值得鼓励。她第一个募捐的对象是我,她有她的逻辑,我作为世界杰出华商协会主席,只有我带头捐款了,她才可以找其他的企业家捐款。我慷慨地捐了一个亿。之后,她就有计划、有步骤地开始了自己的慈善事业。

"中非希望工程"受到了非洲人民的热烈欢迎,非洲国家领导人也给予了高度评价。当然,在那些非洲孩子充满欣喜和感恩的目光里,我女儿卢星宇也收获了一份特别的幸福。然而,天有不测风云,在2011年8月,我女儿卢星宇的慈善之路遭遇到了意想不到的风波,"中非希望工程"遭到质疑:为什么把钱捐到非洲去,而不捐给国内?一时间,网络上的漫骂声一片。好在四个月后"卢美美事件"沉冤得雪,女儿和她的慈善事业也赢得了社会各界人士的肯定和支持,还获得了民政部、央视等众多大奖。

这次"卢美美事件"也给了我很大启发。我们任何人做任何事,都很难得到所有人的理解和支持,总是难免会有一些人站在我们的对立面。但是没关系,越是有人反对,我们越是要做得更好。

除了"中非希望工程",她还为农村捐建"感恩堂义诊室",号召每个从农村出来的成功企业家都为家乡的村庄捐建一个免费"感恩堂义诊室"。她之所以这样做,是觉得留守儿童和老人是当今社会最大的弱势群体,而他们目前最大的困难是看病难、看病贵。我们捐建的"卢星宇感恩堂义诊室"分别于2011年12月16日和2013年8月2日在广元市和广安市开业。之后又募捐了7家义诊室。

我国知名企业家、四川新希望集团董事长刘永好先生的女儿刘畅,也是一个立志要做"仁二代"的榜样。刘畅在接受媒体记者采访时表示,对于有一定财富积累的人来说,做慈善是回报社会的一种很好的方式。在父亲的支持下,刘畅已经做了很多慈善活动,比如帮助一些贫困的人免费做白内障治疗手术。

获得金钱是富,奉献爱心是贵。"富二代"们完全可以做到既富且贵,实现从"富二代"向"仁二代"的转变。"仁二代"们的慈善实践可以让全社会看到,在富人群体中也潜藏着一种积极向善的力量,并且这力量还在不断增强。在做慈善的过程中,"仁二代"虽然辛苦,甚至还要面对外界的种种质疑,但这一切都不妨碍他们获得幸福——奉献的幸福。

第五章

打造健康长寿的事业

企业生命周期理论告诉我们,企业都要经历孕育期、初生期、成长期、成熟期和衰退期五个阶段。但是,企业与企业之间在生命周期的长短上却存在着巨大的差异。有的企业生命周期长,延续千年依然屹立不倒,但有的企业,才刚刚孕育就夭折在襁褓之中。中国每年有100万家企业倒闭,企业平均寿命远远低于西方国家。同时,近年来,中国企业家倒台或者英年早逝的消息也频频见诸报端。我们不禁要问,问题何在?

中国企业能不能突破企业各个时期的成长极限,实现企业生命在不断循环中持续成长和健康长寿,打造出一个"千年企业"来向世界证明中国企业其实也可以长久不衰呢?在幸福企业的最后一项修炼——健康长寿中,我将带你寻找答案!

第一节 警钟长鸣:别给企业埋下"定时炸弹"

我认为,企业无论从哪个方面去打造幸福力,发展的最终目标,都是

"健康长寿"。我也相信,每个企业家都希望自己的企业是"百年企业"甚至是"千年企业"。

古语云:汇涓流而成河海,积跬步而致千里。人是不能活到1000岁的,但是企业却有可能!全球100家最长寿的企业中就有20多家超过千岁。只要用强劲的组织力去医治我们企业发展的疾病,我们的企业就可以做到健康长寿。

要寻求健康,应先进行"体检",找出病因。我用了很多年的时间,不断地思考和总结影响中国企业长寿的问题。为什么我们的企业在发展到一定阶段时,无论是企业本身,还是企业家个人,都会出现严重的危机呢?健康长寿的企业为什么又始终成为企业家们的心头之痛呢?我得出的结论是:在我们的企业中间,埋放着太多的"定时炸弹",如果不拆除这些炸弹,我们的企业,就会如一台缺少润滑油的机器,未病先快!

我在和很多企业家畅谈中发现,在他们企业创立之初发生的一些事情似乎就已经预示着企业未来的危机。

影响企业健康长寿的原因,归根结底有几个方面:首先是从企业家本人,到企业的其他管理者,再到企业的全体员工,都普遍缺乏法律风险意识,这个问题非常棘手,会产生无穷的后患,过去失败的企业家有48%倒在了法律的刀刃上;其次是很多企业缺乏长远目光,没有打造健康长寿企业的信念,常会因短期利益而放弃了未来的发展;再次就是很多企业现在还是粗放式经营,缺乏强大的组织力,特别是在中小企业中,利润的取得主要依靠老板个人的能力,缺乏抵御风险的整体能力。

西门子是一家历史悠久的超级跨国公司,自1847年创建以来已经走过了160多年的风风雨雨。西门子之所以能够如此长盛不衰,除了公司一直不断进行技术和管理创新之外,另一个非常重要的原因就是西门子拥有独特而又深厚的文化底蕴。这种文化体现在经营管理上,可以用公司创始人维尔纳·冯·西门子的一句名言来概括,那就是"决不为短期利益而出卖未来"。这也是西门子公司一直奉行的商业信条。

我还想送企业家朋友们一句话:飞得高不如落得稳。创业不易,守业更难,要守住有"定时炸弹"的企业是难上难。珍惜来之不易的一切吧,不要没有节制地追求财富,不要为企业埋下定时炸弹。如果一些企业家过去的"定时炸弹"已经难以排除的话,我真诚地希望大家千万不要把"定时炸弹"传给我们的下一代。

第二节 打造组织力:从能人利润到组织利润

中国企业很多都依靠少数几个能人得以壮大发展,但能人不管怎样健康长寿也不过百余来岁,而组织不同,一个组织如果能在实践中不断地学习创新,并拥有科学的管理体系,是完全可以做到长久不衰的。打造企业的组织力,是一项极具挑战性的工作,为此,我倾尽多年努力,研究出一套战略体系。这个体系不是MBA课堂里那种生涩难懂的概念,而是一种可以很简单就复制到你企业里的方法。让"傻瓜"都做对,就是我想达到的目标。

❮❮❮❮ 1. 猫式利润——雁式利润——蜈蚣式利润

或许很多企业和企业家都碰到这样一个命题:到底我的企业利润从何处得来是最科学健康的?我想强调的是,利润的来源不同,对企业健康长寿的意义是不一样的。从根本上讲,我认为我们的企业利润,必须是来自于组织,才是最健康的模式。

让利润来自组织,在我们天九是一句口号。同时,我也认为,让利润来自组织,不能仅仅是一句口号,还应该是一种实际的修炼。当然,我深知并不是每个企业在创建之初都是让利润来自于组织,因为企业的发展有很多阶段,企业利润的来源和获得,也会相应的有几个阶段。

我借用了三种动物来比喻企业利润获得的三个阶段,非常形象。我也想借此与大家探讨,在赚取利润的各个阶段,该从哪些角度去全面复制这些方法。

第一阶段:"猫式利润",也可以称为"老板利润"。

大家想一想,世界上最独行的动物是什么?应该是猫。有人见过两只猫一起抓老鼠吗?

正是因为猫具备的这种独行精神和独行能力,才使得猫在抓老鼠方面显得特别专业。长期的单打独斗,使得猫必须要掌握很突出的捕捉能力,因为它没有办法依靠其他同伴共同完成捕食的工作,所以,必须要让自己变得强大。

我们的企业家,在创业之初,是不是和这个情况很像呢?

我这里不是说我们的企业家们没有团队合作的精神,而是说企业在创业之初,的确有许多客观条件不允许他去发展组织。在这个阶段,很多企业家都是白手起家,无论从市场,还是管理方面,总是能表现出来一股子"猫性"。创业者几乎什么事情都是身先士卒,单打独斗。我了解很多企业家的创业故事,我想列举其中一个,与大家分享。

有个企业家朋友姓南,13岁那年,他刚刚初中毕业,父亲就意外受伤卧床不起。作为家里的长子,为了养家糊口,只好辍学回家承袭父业,当起了走街串巷的修鞋匠。修皮鞋的活他一干就是3年,因为手艺好,慢慢有了固定客人,生活也得以为继。

20世纪80年代初,温州掀起一股低压电器创业潮。1984年,他转行和几个朋友开始生产低压电器开关。4个人没日没夜地干了1个月,只赚来35元,其他的3个合作伙伴都很沮丧,但他却很兴奋,因为他觉得他看到了获得财富的希望。

在经过一系列的摸爬滚打之后,他和朋友一起投资5万元办起了一个简陋的"乐清县求精开关厂",自己当起了老板,并从此开始正式涉足电气事业。在企业的经营过程中,他永远都冲在最前面,甚至见一个最普通的客户,他也要亲力亲为。

经过不懈的努力,企业终于积累了一些财富。1991年,南总创办的"求精开关厂"解体。他召集弟弟、妹夫等家族成员入股,组建了温州正泰电器有限公司,他个人在公司里占股60%以上。到1993年,正泰的年销售收入已高达5000多万元,企业发展蒸蒸日上。

在创业之初,老南就像一只猫一样。凡事都亲力亲为,什么事情都要自己做,企业的利润来源主要是企业家的个人能力和付出,这就是"猫式利润"。可以看到这时取得的利润和报酬是相对较少的,不过我们依然要肯定企业家在创业过程中的不懈坚持和付出的艰辛努力。

"猫式利润"是企业发展的初级阶段的利润获得方式,这是属于创业精神的复制,非常简单。我们只要勤勉努力地付出,就会有回报。然而,"猫式利润"只是企业创业初期才能采用的一种迫于无奈的举措,它并不适合企业发展的全过程。当企业发展到一定阶段之后,不得不进入第二个阶段。

第二阶段:"雁式利润",也就是"团队利润"。

企业发展到一定的规模,老板一个人也就忙不过来。这个时候,就需要更多的人才来辅助自己,这就很自然地形成了"团队"这个概念。

在企业发展周期里,团队赢利模式,在现今的社会是占主导地位的。那为什么我会称这种团队利润为"雁式利润"呢?

大家知道大雁是天下最有团队精神的动物之一,它在飞行的过程中时而排成人字形,时而排成一字形,但是无论什么阵形,都是由若干大雁来组成的。这样飞行的好处是什么呢?它可以增加12%的飞行距离。其中,第一只雁称为领头雁,它受到的阻力最大、最辛苦,所以,这个领头雁也会隔一段时间轮换一下,它们也采取"轮班制"。

我们的企业也一样,为了保证企业能多获得12%的发展速度,也会采取大雁的模式,建立团队。这里我可以接着用老南的案例来说:

> 1993年老南企业年销售收入达到5000多万元,可就在企业蓬勃发展时,老南却开始困惑,因为他明显感觉到了家族式企业发展的束缚。
>
> 比如,家人违反公司规章制度时如何处罚,家族式企业对外来的丰富资源和优秀人才有一种天生的排斥等等。这些问题都严重阻碍了企业的发展,同时他意识到,其中的最大阻碍,要算来自家族式企业本身经营管理和组织结构的弊端。
>
> 发现问题之后,老南经过长时间的慎重思考,决定突破来自家族的重重阻力,弱化南氏家族的股权绝对数,对家族控制的集

团公司核心层（即低压电器主业）进行股份制改造，把家族的部分核心利益让出来，并在集团内推行股权配送制度，将最优良的资本配送给企业最优秀的人才。

股改完成后，老南企业的股东由原来的10个一下子增加到100多个，他自己的股份也下降到20%多，但资产却膨胀了数十倍，公司也诞生了数十位百万富翁。

如果当初没有勇气将家族利益淡化，引进更多的合作伙伴，把团队的模式重新建立起来，那么他的企业也就没有今天的发展壮大。

对创业者来说，团队组织的完善，团队核心的建设是关乎一个企业能否健康生存的大事。

在这个阶段，企业最大的利润来源已经不再是单打独斗的老板。组织结构的调整和完善，使得最大的利润来源变成了企业团队。所以，在这个阶段，我们需要做的头等大事就是转变观念，完善组织。这是每一个致力于健康长寿的企业的必经之路，也只有经历过这个阶段，企业才有可能走向更加辉煌的未来，获得我们"蜈蚣式"的利润！

第三阶段："蜈蚣式"利润，也是最重要的利润来源：组织利润。

打造组织力，是每个渴望天长地久、健康长寿企业的目标。这个目标说得形象一点，就是把企业打造成了一台印钞机，任何人来按按钮都会出钞票。而这种打造组织力的目标，或者说是最高境界，就是要让每个人都可以进行简单复制，让"傻瓜"都可以做对。如果可以实现这样的目标，我们的企业就能够实现真正的健康长寿。

为什么我一直要强调打造组织力的重要性呢？因为当我们把企业打造成了一台印钞机时，企业就变得像蜈蚣一样，它虽然有几百条腿，但是它是一个有机的整体,它能跑得很快,并且步调一致。这时,我们企业获得利润就称之为"蜈蚣利润"。

当我们的企业真正变得像一台印钞机一样时,我们的管理就需要做出改变,要从"管理个人"向"管理组织转变"。

你可以想一想,现在我们国家大部分的企业管理者,是在管人呢,还是在管组织呢?我坚信,绝大部分都只是在管人。但是为什么西方那些企业家,一天到晚在高尔夫球场上谈生意,好像每年大部分的时间都在世界各地观光、旅游,而企业的管理却紧紧有条呢?

那是因为他们明白打造组织力的含义。他们就是始终在管理组织,从而让他的组织赚取"蜈蚣利润"。

美国的麦当劳,目前在全球共有 3.3 万个连锁店,最高峰期的时候,它一小时可以新开张 3 个店。

那么庞大的组织,它的老板如何管得过来。别说管理了,就是全认识这些店门都是不可能的。问题就出来了,如果麦当劳的老板要采取管理人的方式来管理麦当劳,能行得通吗?答案是否定的。因此,他只能去管理组织,从组织上去健全机制。用统一的标准、统一的规划、统一的模式去管理组织,进而达到盈利的目的。麦当劳就成功打造了这种统一的运营模式,也因而成功地打造了企业的组织力。这种模式其实是非常简单的,简单到"傻瓜"都可以复制。

我始终认为,简单复制,让"傻瓜"都做对,才是管理的最高境界。企业家个人能把事情做对,这不是最高境界。只靠一个团队把事情做对,也不是最高境界。最高境界是,简单复制这个模式,能够让"傻瓜"都做对。

2. 打造永不沉没的"联合舰队"

要让企业达到健康长寿，打造企业强大的组织力，还有一个重要方面，就是企业家必须优化设计一种使企业健康长寿的组织形态。

传统企业的组织形态都是金字塔式的，可分为"火车型"、"航母型"。

所谓火车型就是我们企业的组织形态就像一列飞驰的火车。车身很长，速度很快，但是火车速度的来源都集中在火车头上。我们的企业管理者，就是这个火车头，处处都冲在最前面，利用自己的人格魅力，去带动员工和团队。大家也都会根据这个火车头的方式和力量，来整体向前行进。这种形态一个最大的问题是，火车后面的车厢会越挂越多，越挂越沉，总有一天，火车头带动不了那么多的车厢。火车型组织形态的局限性决定了，它不可能成就无限的事业，也很难天长地久。

为此，很多企业打出了"打造航空母舰"的口号。从表面上看，航空母舰可以抵御风浪，并没有什么不好，而且，用一艘巨大无比的航母来比喻企业形态，确实很鼓舞人，振奋人。

但问题在于，一旦航母的某一个环节出了差错，就容易让整个航母全军覆没。

2011年10月31日，美国知名券商曼氏金融集团申请破产，忽然倒闭。这是一家历史长达200年的金融机构，总资产达400多亿美元，而崩溃却只用了几天时间。破产的原因，仅仅是因为愈演愈烈的欧债危机，在这场危机中曼氏金融集团豪赌了63亿美元欧债，这个自以为是的"一手好牌"导致了这个金融界航空母舰的轰然沉没。

大家从这个案例看到了什么？一个宛如航母的企业，在一些环节上出现问题时,也产生了不堪设想的后果。问题就出在组织形态上,它太依赖于某个组成部分了,这对于企业的健康长寿是相当危险的。

那么,最合理科学的组织形态是什么呢?

那就是我要说的第三种,也是目前为止最佳的企业组织形态——联合舰队型组织形态。这是一个既可以无限发展,又可以健康长寿的组织形态。

联合舰队型组织形态,是指我们的企业是一个完整的舰队,用一支旗舰来带领整个舰队,每支舰可以各自为战,但不能各自为政,舰只可以无限增加。在联合舰队中,即使有一两艘舰艇沉没了,也不会影响到整个联合舰队的行驶和作战,更不会出现几十支舰、几百支舰全部瞬间沉没的问题。

除了控股经营之外,参股也是一种很好的发展模式。比如我们天九最核心的一个商业模式,就是股权投资。我们选择有投资前景的企业,投资其股权,通过参股的形式扩大天九的规模。我们已在上百家企业都拥有股权,以后还会更多。通过这种形式,我们很好地分散了风险,建立了一种健康长寿的发展模式。

第三节 "三力四化":实现企业管理升级

当一个企业完成了原始积累后,如果没有成功实现管理升级,就会导致还没有壮大起来就患上了"早衰症",开始走下坡路。人们经常说的一句话是:"中国企业的管理水平和国外还是有差距。",那差距到底在哪里?我总结了管理升级的几个方面,那就是"三力四化",打造三力,实现四化。打造"三力",就是打造幸福力、创新力、整合力。

1. "三力":幸福力、创新力、整合力

幸福力这个问题前面已经讲过,在此不赘述,重点讲创新力和整合力。

假如没有创新,瓦特就不会因为看到壶盖被蒸汽顶起而发明蒸汽机,牛顿就不会因为被下落的苹果砸了头而发现了万有引力,门捷列夫就不会在玩纸牌时想出了元素周期表,乔布斯就不会在苹果公司没落时发明iphone。

创新力是什么?就是创新的能力,一个国家没有了创新力,就失去了进步的灵魂,一个企业如果没有了创新力,就失去了前进的动力、竞争的资本。看看我们这个时代发生了什么?生产胶卷的柯达破产了,生产复印机的施乐也滑到了破产边缘,原来手机市场占有率第一的诺基亚被兼并了,这说明什么?当前时代技术革新瞬息万变,市场竞争异常激烈,如果企业永远停留在旧观念、旧思想和旧制度上,创新力不足,那就只有一个结果:被对手超越,或者被彻底淘汰出局。

这个时代,惟一不变的就是变化,企业创新的速度慢于变化的速度就会死亡。建立创新型组织是每个企业的当务之急。

我接着讲讲整合力。

我们知道,一个指头不如一个拳头更有力度,整合力也就是把一些零散的资源通过某种方式而彼此衔接,实现协同工作,最终形成更有价值更有效率的一个整体的能力。

而"整合力"主要可分为两个方面:一是对内的整合能力,主要是人

力、物力、资金的调度整合能力,内部的资源利用不好就先不要谈别的;二是对外的整合能力:主要是经销商、媒体资源、外部资金、合作联盟资源等外部环境的整合能力,外部的资源能利用好,就为企业插上了腾飞的翅膀。整合力实际上是一种优化资源配置的手段,也是一种发展的新思维。

以前要把企业做大需要几十年时间,但现在通过资源的运用和有效的整合,通过并购与联盟化运作,就能让企业价值实现几何式的倍增,如果你忽视了企业"整合力"的打造,那结果就像你还是坐在"绿皮火车"上,看着对手乘着"高铁"绝尘而去。

2."四化":员工职业化、企业品牌化、管理标准化、业务模式化

实现"四化",就是实现员工职业化,企业品牌化,管理标准化,业务模式化。

- **员工职业化**

只有拥有具备高度职业化素质员工的企业,才能在激烈的市场竞争中拥有一席之地。职业化的员工是指具有积极热情的职业精神、专业高效的职业技能、诚实守信的职业道德的员工。员工职业化,就是让员工由"业余运动员"变成"职业运动员"。

- **企业品牌化**

我们买东西都知道认"名牌",一筒冰激凌卖几块钱,打上哈根达斯的牌子就可以卖几十块;一双运动鞋卖几十块,但打上耐克、阿迪达斯的牌子能卖几百块。一个手表几百块,有了百达翡丽的标志就能卖到几十万块。这就是品牌的价值。

品牌化就是企业打造一种识别标志、一种精神象征、一种价值理念的

过程。经常有人说,假如有一天一场大火把可口可乐公司烧掉了,那么第二天就会又有一个可口可乐公司,很快恢复原来的价值,这就是品牌的力量。

品牌就是企业或产品在消费者心中的美好印象,是一种信誉的象征。如果你没有品牌或者知名度不高,人们是不放心购买你的产品的,所以说品牌化是便于消费者辨认、识别、选购产品的信心保障。

品牌是企业的生命,商品、服务、企业、企业家都需要品牌化,只有走向成功的品牌化道路,企业才可能成为百年老店。

- 管理标准化

日本和德国的产品以严谨可靠而著称,这得益于他们的精细化的管理,任何事情都有个"标准"。相较而言,中国人喜欢讲"差不多就行",但事实却"差之毫厘,谬以千里",这也是"中国造"产品在品质上难以赢得声誉的重要原因。

现在还有一句流行的话:"三流企业做产品,二流企业做品牌,一流企业做标准。"这也充分体现出标准化的重要性,这里我们重点讲讲管理的标准化。

管理标准化,关键是对公司需要重复做的每件事都制订科学的标准、清晰的流程和合理的奖惩规则。让每个员工都清楚做好某件事的标准是什么,上下左右如何衔接,做好了做坏了会受到什么奖惩。如此,便可实现简单复制,让傻瓜都做对。

- 业务模式化

一位老板说自己:"业务越来越难做;钱越来越难赚;人越来越难管;命越来越难活。"原因何在?没找到好的商业模式,业务运营没有实现模式化。

业务模式化就是制订产品手册,确定业务的开发目标,设计业务流程,规划业务手段的过程。业务模式化的好处在于可以实现简单复制,让业务人员快速进入角色,也是一种可以"让傻瓜都做对"的捷径。

综上所述,企业的管理升级是个经常被提及的问题,但怎样实现管理升级,很少有明确的指标,我认为企业只要做到了以上的"三力四化"就实现了管理升级。

幸福人生是怎么炼成的？

企业是由一个个活生生的人组成的，因此我们建设幸福企业最终要落点到"人"上。幸福企业的目的就是让企业中的人——员工幸福，而这里的员工也应当包含老板，因为老板实际上是企业中的头号员工。

企业为幸福保障做了哪些举措都算是外因，更重要的是需要我们个人去创造和感知，这属于内因，它的重要性甚至超过外因。"你永远都不能叫醒一个装睡的人"，如果一个人把自己的幸福感应器关掉了，无论企业做了什么，你都不能感受到幸福，因此我说，幸福很大程度上依赖于我们的主观感受和主动作为。

在国内外许多机构所做的幸福度报告中，最权威的是联合国发布的"全球幸福指数报告"，中国内地排名第112位，也就是说除去那些战火纷飞的国家，中国基本上是处于下游水平。另据一项随机的民众问卷显示，只有12%的中国人自认为幸福，71%的人自认为艰难，17%的人自认为痛苦。这也凸显出一种全民的幸福危机。

本篇我希望从老板和员工的个人角度，阐释怎样做才能更容易得到幸福，从而拥有一个幸福人生。

第一章

参透幸福的奥秘

"修炼"一词原是指道家的修道、炼气、炼丹的活动,道家修炼追求天人合一,即修"真",寻找真我,发现事物的真谛,与儒家所讲的穷尽事物之理的"格物"有异曲同工之处。

我们讲的幸福修炼也就是洗涤心灵,发现真我和内心的需求,找到幸福的根本所在,不被各种假象所牵绊,做到真正意识的苏醒,活出幸福的多彩人生。

也只有我们放弃了各种繁华浮躁,各种攀比盲从,各种欲望奢求,从当下、从内心入手,开阔心胸,做到沉思之后的超脱,让幸福的经络行遍全身,幸福人生才离我们不再遥远。

在快节奏的生活中,我们需要经常静下心来做一些思考,认真想一想,幸福是什么,什么才是我们要的幸福,我们又是怎样把幸福弄丢的。

第一节 幸福是什么?

CCTV曾经作过一次非常出名的调查"幸福是什么?""你幸福吗?"

答案各不相同,这说明幸福的标准在每个人的心里都不一样,而历来的先贤圣哲也很难给出幸福的标准答案。

从人类的发展史来看,从农业文明到工业文明,再到信息化的现代文明,人类每向前一步都是在追求快乐,追求更舒适的生活,也就是在追求幸福,正如卢梭所下的结论:"追求幸福乃是人类活动的惟一动力!"

从原始社会"吃饱肚皮"的幸福需求再到"多元化需求"的现代文明时代,社会在对幸福的不断探索中阶梯式进步,人类也正在努力实现着各个层级的幸福。

那我们追求的幸福到底是什么呢?

⟪⟪⟪⟪ 1. 不同人眼中的幸福

关于"幸福是什么?",很多先贤圣哲也热衷于讨论这个话题。有的主张"物质的快乐为幸福",有的主张"精神的快乐为幸福";有的主张"个人的快乐为幸福",有的主张"全体的快乐为幸福"。

古希腊哲学家亚里士多德说,幸福是实现至善,心灵平静,精神安宁。法理学家边沁说,幸福就是因感官的刺激而带来的心理满足。生物学家则说,幸福就是当人类感受到高兴、兴趣等各种良性感觉时,人的大脑会分泌出一种名叫多巴胺的化学物质,它能传递快感,给予人对事物的愉悦感,多巴胺分泌得越多,人所体验到的幸福感就越强。

虽然他们所描绘的幸福模样也都各不相同,但幸福也可以归纳出一些共性。如果非要给幸福下一个放之四海而皆准的定义,最简洁明了的说法——幸福就是过得快乐,感到满足。

幸福是件美好的事,幸福的人生就是美好人生。如果再用文艺点的说法,幸福就是在美好的环境中,和美好的人,过美好的生活。

但幸福感又是一种个人体验,是一种情绪的反应。所以面对幸福,不同心态的人面对同样的结果,反应也会不同。比如说两个人都赚了一百万,一个人会幸福得睡不着觉,另一个人会想如果不是因为什么事儿自己会赚到一千万,反而会懊悔得睡不着觉。

同样面对平凡的生活,有人可以从里面享受到点点滴滴的幸福,而有的人却觉得乏味极了。其实,只要换一种心态,换一个角度,本来索然无味的事也许会变得精彩无比。

所以说幸福也是一种感悟,心态十分关键。我想再与大家分享这句话:小时候,幸福是一件"东西",得到了就幸福;长大后,幸福是一个"目标",实现了就幸福;成熟后,幸福是一种"心态",悟到了就幸福。

同时,无论哪种幸福,它们还有一个共性,即最终体现为需求达成时的一种满足感,无论是生理还是心理方面。比如说一杯透明的水,虽淡然无味,口渴之人却能品咂出其中的甘甜,品味到幸福,因为它满足了口渴者的需求。

范伟在电影中讲过这样一段话:"幸福就是我饿了,看别人手里拿个肉包子,那他就比我幸福;我冷了,看别人穿了一件厚棉袄,他就比我幸福;我想上茅房,就一个坑,你蹲那了,你就比我幸福。"虽然这仅是一种来自于生理层次的幸福感,但也说明一件事物,当你需求它时,才能满足你的幸福感。

由此,我认为,幸福就是需求得到满足时的愉悦感。

2. 幸福的三个层次

既然幸福与需求有关,那我们想了解幸福的层次,就需要先来了解需求的层次。

美国心理学家马斯洛将人的需求由低到高分为五个层次,即生理需求、安全需求、社交的需求、尊重需求和自我实现需求。

这些需求层次由低到高,通常是满足了上一个层次之后,下一个层次的需求会自然出现。春秋时政治家管仲就说过:"仓廪实而知礼节,衣食足而知荣辱",如果一个人连基本的生活保障都没有,那么去讲后面层次的幸福感是很难的。

在经济学上,有个恩格尔系数,是指食品支出总额占个人消费支出总额的比重。这个比重越小,富裕程度越高,这已经成为衡量国民富裕程度和社会进步程度重要指标。

因此说,人作为高等动物,来自于生理方面的需求仅仅是人类需求的一小部分,而对于情感和精神方面的需求层次则更多,而满足高层次的需求比满足低层次的需求所带来的幸福感更强烈。

借着需求层次理论,为了让幸福的层次显得更加简洁,更加容易让人理解,我们也可以把幸福简单分为三个层次:**物质方面的幸福感、情感方面的幸福感、精神方面的幸福感。**

物质方面的幸福感既包含了人们对衣食住行方面的生理需求的满足,也包含了通过物质能实现的安全感。情感方面的幸福感既是人们对亲情、爱情、友情等方面的社交与归属感的需求的满足,也是一种爱与被爱的幸福。精神方面的幸福感则是人们对受尊重、受重视、成熟感、实现自我价值及通过利他实现个人理想的需求的满足,这也是有关人生意义和价值的最高层次的幸福。

这几种幸福感的层次是一种递进关系,首先物质方面满足的幸福感,包括生理和安全感方面来自于人"动物性"的一种最低层次需求,也是基本的需求,如果仅仅满足于这个层次,那人跟动物没什么区别。

而我们作为人,需要有亲人,有爱人,有朋友,我们需要进行情感的交流,来自于情感的满足,属于中层次的幸福感。

来自于精神方面的满足则是最高层次的幸福感,这是一种精神的高层次享受。我们希望成为最好的自己,立下丰功伟业,成就自己的善行美德;我们希望接受别人对自己的认可,别人对自己的尊敬,别人对自己的赞美。而受人尊敬最好的方法就是用"利他"之心,"达则兼济天下",去无私奉献,去热心公益,这是一种实现自我价值和受人尊敬的最好途径。

很多企业家虽然个人非常成功,事业做得很大,又拥有巨大财富,但却得不到社会的尊重,就是源于对最后一个层次幸福感的忽略。

第二节 幸福人生六个维度

如果你很幸运地捡到了一个阿拉丁神灯,从灯里出来一个神仆,他说能满足你三个愿望,你会许三个什么样的愿望呢?

也许很多人会说:金钱、权力、美女。但这些就足够了吗?如果让我回答,我会说:平安、健康、快乐。如果只满足我一个愿望,我就只要"幸福"这一个,因为有了幸福就有了一切。

幸福可以包含哪些内容呢?就个人幸福而言,虽然我们刚才讲了幸福的层次,但是我想还可以更简洁、更形象、更具体。简单来说,幸福有六个维度,借用邓小平"四有新人"的提法,称之为幸福的"六有新人":即身体有健康、生活有保障、时间有自由、做事有兴趣、家庭有欢乐、未来有奔头。

1. 身体有健康

健康是幸福的第一道保障,健康是生命之本、幸福之源。没有健康,幸福就是无源之水。当我们拥有健康时,并没有意识到其珍贵,而一旦遭遇变化,脆弱的生命才能裸露出其本质。

中国某建筑设计研究院的一位院长,50多岁,工作能力非常强,很多国家的重点项目都是在他的指挥下完成的。工作起来就不要命,有着大禹"三过家门而不入"的精神,经常几个星期不回家,突然有一天在办公室跌倒了,从医院出来就有些半身不遂了。

有一次他的下属们一起去看望他,发现他在家里走路要靠支撑器,说话也不流利,在北京生活了半辈子的他竟然只能讲家乡话了。下属们说"老大,什么时候再回研究院看看"。他说:"不去,不去,没意思。"

我们通过这个案例,也可以想想看,当他拥有健康时可曾想过一家人去踏踏青,逛逛公园,爬爬山,但这些随手即来的幸福对他来讲已是奢望。假设有人问:"如果你说自己一无所有,那一百万买下你的一只眼睛,一百万买下你的腿……你愿不愿意?"我想你肯定不愿意,所以我说你拥有了健康的身体,就至少拥有了价值千万以上的财富。

2. 生活有保障

我们希望拥有可供生活保障的足够财富和安全感。有了足够的物质财富我们可以实现财务自由,可以向自己不喜欢的工作说不,可以获取我们想要的很多东西。若对一个吃不上饭的人说,你需要向自己的内心去寻找幸福感,这无异于是痴人说梦,自欺欺人。

但是也不是说财富越多越好,财富够用时就是最好。财富只是我们获取幸福的手段,我们的人生目标是追求幸福,我们绝不应当舍本求末,请先牢记这一点。我们绝不能以牺牲幸福来无休止地获取财富,相对于幸福来说,其他的一切都是"浮云"。

我们希望幸福的生活有安全感,就是来自于社会和环境的保障。比如我们要求社会公正,法治公平。我们还要求吃到无害的食品、喝到没有污染过的水、呼吸到清新的空气。我们还希望少有所学,老有所养。我们往往最需要的是那些用金钱买不到的东西。

⟪⟪⟪ 3. 时间有自由

我们希望能拥有时间去做我们想去做的事,去享受生活,而不是终日忙碌不得闲。

就像有一首歌中唱的"我想去桂林,有时间的时候我没有钱,有了钱的时候我却没时间"。在很多人生活有了保障后,却还在为了钱而忙碌,无法在忙里偷个闲,这也是很可悲的一件事。还有些人,因为某些原因而入狱,就更无法得到时间的自由了。

为此,我们天九幸福集团把员工梦确定为"六有":有房有车有租业,有闲有爱有尊严。我们已向全员正式承诺:2016年起,每周只上四天班,周周都放小长假。

⟪⟪⟪ 4. 做事有兴趣

就是指我们能够去做自己喜欢的事,你喜欢跳舞那就可以去跳,你想去唱歌那就可以去唱,你想去钓鱼那就可以去钓;你想去旅行那就可以去旅行。

如果你是一位刚从大学毕业的学生,同时获得了两份工作,一份是特别喜欢的工作,一份是薪水比较高的工作,你会怎么选择呢?我建议你去做特别喜欢的那一份,因为做自己喜欢的事会让你快乐,会让你幸福。

做自己喜欢的事,你会更加享受做事的过程,比如一个热爱学习的学生,会享受学习中的乐趣;一个喜欢自己工作的人,更容易体会到工作的成就感,也更容易得到进步,同时还能得到快乐。与自己喜欢的人谈恋爱,你更容易体会到爱情的美好,将来也更容易得到幸福的家庭。

追随内心的声音,做自己喜欢的事,才是一种幸福。

5. 家庭有欢乐

人是一种群居动物,有个幸福的家庭人生才算完整。

一本书可以衡量它的价格,却无法衡量它所给人带来的价值。一个房子可以衡量出它的价格,但同样无法衡量出家庭的爱给我们带来的价值。我说:"不要在乎你的房子有多大,而要在乎里面的笑声有多少。"

"父慈子孝,夫妻恩爱,敦亲睦邻"是我们期待的一种幸福状态。中国现代著名文学大师林语堂曾说:"幸福是什么呢?一是睡在自家的床上。二是吃父母做的饭菜。三是听爱人给你说情话。四是跟孩子做游戏。"也可见幸福家庭是一个人的幸福之源。

在家庭关系中,夫妻关系可能是最重要的。人生下来是孤独的,甚至是不完整的,就像是个半圆,直到遇到另一半圆,合在一起才算完整。如果能和爱的人一起相伴终生,一起走过金婚银婚,实乃是人生一大幸事。

但夫妻关系又是最需要用心经营的,让我们一起来温习一段圣经中的话:"爱是恒久忍耐,又有恩慈;爱是不嫉妒,不自夸,不张狂,不做害羞的事,不求自己益处;不轻易发怒,不计算人的恶,不喜欢不义,只喜欢真理;凡事包容,凡事相信,凡事盼望,凡事忍耐。爱是永不止息。"

6. 未来有奔头

幸福不但来自于当前的快乐,还来自于对未来的期望达成时的喜悦。要想获得长久的幸福,就不能只享受眼前的快乐,而是需要我们对未来有所期望。对于工作中的人来说,每一次加薪、每一次升职可能都会带来幸福感;对于老板来说,企业每一次的华丽绽放,每一次的愿景达成,也会带来巨大的成就感和幸福感。

一位禅师说:"人生的道路上,找到适合自己的目标非常重要。否则将永远会挣扎于不满的情绪之中。"

未来有奔头,幸福才长久。

第三节　把幸福弄丢的六种错误

黎巴嫩著名的诗人纪伯伦说过一句话:"我们已经走得太远,以至于忘记了为什么而出发。"事实上,幸福是整个人类亘古的追求,正如思想家罗伯特·欧文的至理名言:"人类的一切努力的目的在于获得幸福。"这也就是说,我们都是为了幸福而出发的。

但我们走到半路却发现,幸福离我们越来越远。如果有人突然问你:"你的幸福还在吗?",你会不会突然惊醒:对啊,幸福呢,咋给整丢了呢?

口袋里没有啊,钱夹里也没有,翻箱倒柜也没找见,啥时候丢的呢?丢哪儿了呢?

不幸福,这是病,得治。要治得先找病根,让我们一起找找看,通过总结六种把幸福弄丢的错误,看看你是不是把幸福丢在那儿了。

1. 金钱至上,嗜金如命

在我们的社会中,当衡量一个人商业成就时,我们习惯于说他拥有多少资产。评价一个人是否成功,也习惯于用财富、地位、声望去评判,但事实上,这并非全部,也并非幸福的真相。

有一位企业家来参加我们的"乒乓球联谊赛",他来晚了,想问问当前的比分是多少,结果张口就说:"现在多少钱了,不对,是多少比分了?"之后,他自己自言自语地说:"哎,怎么张口就是钱呢。"

满脑子想的都是钱,可不张口就说钱么。对财富的过分痴迷已成为当前社会中很多人的通病,并且已经成为我们破解"幸福谜题"的第一道障碍。

我发现幸福指数最高的国家不是最富裕的国家,同时一个人的财富也不能与他的幸福指数成正比,当满足了人的基本物质保障以后,财富对人的幸福指数影响会越来越小。

> 正如一条荷兰的谚语所讲:
> 有了钱,你可以买楼,但不可以买到一个家。
> 有了钱,你可以买钟表?,但不可以买到一个时间。
> 有了钱,你可以买一张床,但不可以买到充足的睡眠。
> 有了钱,你可以买书,但不可以买到一个知识。

> 有了钱,你可以买到医疗服务,但不可以买到健康。
>
> 有了钱,你可以买到地位,但不可以买到尊重。
>
> 有了钱,你可以买血液,但不可以买到生命。
>
> 有了钱,你可以买性,但不可以买到爱。

在财富面前,很多人往往充满了贪婪。豪华住宅、名贵轿车只是表象,如果沉浸其中,不能自拔,将来你一定会发现,这些不过是南柯一梦。我想再讲一个古希腊的故事给读者听。

> 古希腊有个国王叫迈达斯,贪婪的他向神祈求让自己碰到的东西都变成黄金,神最终答应了他。但刚开始的幸福很快被懊悔所替代,因为就连他的食物和杯中的酒和水,在吞咽前都变成了黄金,甚至他最爱的女儿也被他变成了黄金。最后,迈达斯在神的指示下在河中沐浴后才得以解脱,据说这也是为什么河里的沙子中含有金子的原因。

文学家亨利·詹姆斯说"人类的一切罪恶不是源于金钱,而是源于人们对金钱的态度。"金钱可以保障我们的幸福生活,应该为我所用,我们应当做金钱的主人,而不是奴隶。

2. 相互攀比,心理失衡

中国有一句话,叫做"人比人,气死人",为什么要被气死呢?这就是一种常见的攀比心态。

还有句话,叫做"人心不足蛇吞象",欲望太多会增加烦恼。当代西方经济学界泰斗萨缪尔森曾经说过,"幸福 = 效用/欲望",当欲望既定时,效用越大,越幸福;当效用既定时,欲望越大,越痛苦。因此说:幸福不在于得到的多,而在于计较的少。欲望太多,精神上永无宁静,永无快乐之时,有时我们真应该为自己的欲望瘦瘦身。

有时我们看看别人得到的很多,结果就哀叹命运的不公,在不断的攀比、盲从中,心灵开始变得疲惫和脆弱不堪。也让自己心灵的空间挤满了太多的负累,从而无法欣赏自己真正拥有的东西。

在西方,"达摩克利斯之剑"的典故几乎被人人所共知。

> 从前有个国王名叫狄奥尼西奥斯,他统治着西西里最富庶的城市,住在一座美丽的宫殿里,里面有无数美丽绝伦、价值连城的宝贝,一大群侍从恭候两旁,随时等候吩咐。
>
> 国王有个朋友名叫达摩克利斯,他常对国王说:"你多幸运啊,你拥有人们想要的一切,你一定是世界上最幸福的人。"有一天,国王听腻了这样的话,对达摩克利斯说:"你真的认为我比别人幸福吗?那么我愿意跟你换换位置。"
>
> 于是达摩克利斯穿上了王袍,戴上金制的王冠,坐在宴会厅的桌边,桌上摆满了美味佳肴。鲜花、美酒、稀有的香水、动人的乐曲,应有尽有,他觉得自己是世界上最幸福的人。当他举起酒杯,突然发现天花板上倒悬着一把锋利的宝剑,尖端差点触到了自己的头,达摩克利斯身体僵住了,笑容也消失了,脸色煞白,双手颤抖,不想吃也不想喝了,只想赶紧逃出王宫,逃得越远越好。
>
> 国王说:"怎么了朋友?你怕那把随时可能掉下来的剑吗?我天天看见,它一直悬在我的头上,说不定什么时候什么人或物就会斩断那根细线。或许哪个大臣垂涎我的权力想杀死我;或

许有人散布谣言让百姓反对我;或许邻国的国王会派兵夺取我的王位;或许我的决策失误使我不得不退位。如果你想做统治者,你就必须冒各种风险,风险永远是与权力同在的。"

达摩克利斯说:"是的,我知道了,除了财富和荣誉之外,你还有很多忧虑。请您回到您的宝座上去吧,我回我的家。"从此,达摩克利斯非常珍惜自己的生活。

这个故事可以告诉我们几个道理,不要去羡慕别人拥有了多少,拥有更多也意味着失去更多。不要以为拥有了财富和地位你就得到了幸福,也许同时你将会陷入更多危险和不安。这个故事也可以讲给我们的员工听,不要太羡慕你的上司和老板,他们也许正为各种竞争和危机而寝食难安。珍惜和享受你已经拥有的,幸福才不会遥不可及。

3. 漠视当下,不会惜福

"活在当下"是禅宗常说的一句话,该吃饭的时候就吃饭,该睡觉的时候就睡觉,该放下过去的烦恼就放下,该舍弃未来的忧思就舍弃,全身心投入眼前的这一刻,才是寻求幸福人生的智慧。

有人说,我没有房子,也没有车子,我当然不幸福。但实际上,"穷有穷开心,富有富伤心"。很多人在追求成功的路上,忽略了家庭,忽略了爱情和亲情,忽略了父母、妻子和孩子,但事实上,家庭是生命的避风港,是幸福的动力之源,是你最应当珍惜的。

有时候只有当你失去时,你才会意识到这些身边幸福的珍贵。当你哀叹自己没鞋穿的时候,不妨想想那些没脚的人。

再给大家讲一则好玩的故事。

有一个富翁,非常的有钱,但他却觉得自己一点也不幸福,他也很困惑。有一天,他突发奇想,将家中所有贵重物品、首饰、黄金、珠宝通通装入一个大袋子中。他找到一位大师,希望他能告诉自己幸福的方法,并承诺只要自己幸福,就把整个袋子送给他。

富翁见到正在打坐的大师,非常激动地说:"我一生的财产都在这袋子里,我只有一个目的,只要你能告诉我幸福的方法,袋子就是你的了。"

这时候,大师顿时抓了富翁手上的袋子,什么话也没说,就往外跑了。富翁立马又哭又叫地追着跑,但是毕竟是外地人,追了一会儿就跟丢了。

富翁就蹲在路边哭:"呜……我被骗了,我一生的心血啊。"

最后大师跑了回来,将袋子还给了他。富翁见到失而复得的袋子。立刻将其抱在怀里。直说:"太好了!"

大师问他:"你现在觉得如何?幸福吗?"

"幸福,太幸福了!"

大师笑说:"这并不是什么特别的方法。只是人对于自己所拥有的一切,都视之为理所当然。如果不觉得幸福,你只是欠缺了一个失去的机会。这样你就会马上知道你所拥有的有多重要。"

大师又说:"按照你的承诺,你现在还愿意把袋子送给我吗?"

正如这个大师所讲,你只是欠缺了一个失去的机会,这样你就会马上知道你所拥有的有多重要。事实上,我们更应该用一种感恩的心态来看待我们已经得到的一切。

假若你从未尝试过战争的危险、牢狱的孤独、酷刑的折磨和饥饿的煎熬,那么你的处境比其他 5 亿人更好。

假若你今天早晨起床时身体健康,没有疾病,那么你比其他几千万人都幸运,因为他们甚至看不到下周的太阳。

假若你生活在一个安全的环境中,而没有任何被恐吓、强暴和杀害的危险,那么你比其他 8 亿人更有运气。

假若你有食物可吃,不用每天饿肚子,那你就比全世界其他 10 亿人幸福,因为联合国统计有 10.2 亿人处在饥饿之中。

假若你读了以上的文字 说明你就不属于联合国统计的 7.6 亿文盲中的一员,他们每天都在为不识字而痛苦

看吧,我们原来是这么幸运。

《《《《 4. 事事完美,吹毛求疵

心理学家们发现,很多人不幸福的原因还有一个,就是"完美主义强迫症"。他们事事追求十全十美,以至于陷入自己设计的人生牢笼里不能自拔,也让幸福感就在那不能实现的"幸福"追求中慢慢消失了。这是一个十分值得关注的现象。

比如有些员工,为了追求完美,内心脆弱急躁,又对别人的工作过度挑剔和苛刻,结果不仅降低了工作效率,还可能导致人际关系和自身身心的受损。

比如说有些老板,事事追求完美,看下属做的什么都不满意,都不放

心。以至于什么都要亲自过问,甚至亲力亲为。不肯放权,下属得不到锻炼,自己也得不到解放,弄得身心疲惫。

还比如现在出现的"剩男、剩女"现象。他们觉得这不合适,那也不合适,结果越来越进入不了感情的状态,这大部分也是完美主义在做怪。看不上别人,他们可以给出一大堆理由:身高不够高,长相不够好,牙齿不整齐,收入不够高,学历不够高,声音不好听,没有车,没有房……可是到哪里去找完美的人呢?

哈佛的泰勒博士给出了一条对付完美主义的方法,用"最佳主义"来代替"完美主义",事实上就是用"Better"来替代"Best"。

完美主义者认为人生道路应该是一条笔直的直线;最佳主义者则把人生看做不规则的、螺旋式上升的曲线。

完美主义者恐惧失败;最佳主义者把挫折和失败看做最好的自我成长反馈。

完美主义者教条、苛责、防备心强;最佳主义者具有适应力、宽容、乐于接纳意见。

完美主义者要求每个细节、每个方面都必须是最好的;最佳主义者则会在备选和可选中,选择其中最好的那一个。

我们应该明白"没有最好,只有更好"的道理,我们可以追求卓越,而不是追求完美,有时候像维纳斯一样,不完美反而是最美的。

事实上,无论工作还是生活都不要企图追求完美,只要努力去做,问心无愧就行。从完美主义中解放幸福,你会发现,不完美的人生才是真实的幸福。

5. 不懂分享，不愿奉献

美国哈佛大学一项研究曾显示，在生活中多去帮助他人，能让自己感到更快乐。但现代社会中，乐于无私奉献的人越来越少，斤斤计较的人越来越多。如果你总算计着"我能从中得到什么""做这件事值不值得"，就会生活得很痛苦。

我曾经常对身边的人说："大舍大得，小舍小得，不舍不得。"我们必须明白，人生的意义在于付出和奉献，而不在于索取。

佛经上有一个故事，讲的是有两个准备转生投胎的人被召集到佛祖面前，佛祖说："你们当中有一个人是要做一个索取的人，而另一个人是做一个给予的人，你们愿意如何选择？"第一个人想到索取可以坐享其成，非常舒服。于是他抢着说要过索取的人生。另一个人也没有别的选择，于是只好做一个给予的人。佛祖满足了两人的选择。第一个来生做了一个乞丐，整天索取，接受别人的施舍。第二个人则成为了大富翁，布施行善，给予他人。

所以施比受有福，有能力去爱别人、去帮助别人的人才最幸福。所以我也说"给红包的人比接受红包的人还幸福"、"抬轿的人比坐轿的人还幸福"、"把幸福让给别人，等于得到了双倍的幸福"。

当你通过奉献，让别人脸上展现幸福洋溢的笑容时，你会发现：幸福不会越分越少，只会越分越多，分享幸福要远比独占幸福来得更幸福！

列夫·托尔斯泰甚至说："做好事的乐趣乃是人生惟一可靠的幸福。"所以，我经常鼓励企业家朋友们要多做善事，要懂得财富的分享，事实上当金钱、地位、荣誉、成功都无法刺激你的人生时，说明你应该进入人生的至高阶段,通过给予和付出获取精神层次的幸福感。

6. 贪图安逸,没有目标

放弃对财富的过度迷恋,放弃攀比,放弃完美主义,珍惜和享受当下所拥有的幸福,这并不是说我们不需要努力做事,不要壮丽的梦想,这与前者并无矛盾。

我们提倡的绝不是单纯的"享乐主义者",我想告诉大家:"幸福在辛勤的汗水里,幸福在梦想的田野上。"

俄国作家屠格涅夫也说过:"你想成为幸福的人吗?但愿你首先学会吃得起苦。"有时你想获得未来的幸福需要付出一些代价,比如你想考取好的大学,需要刻苦读书;你为获得健康而美丽的身材而减肥时,需要忍受拒绝美食诱惑的痛苦;你想获得更好职位和物质条件时,就需要更加努力地工作。事实上,某些条件下,痛苦可以转化为快乐,这种转化所带来的幸福感也会非常的美好。

我想起几句话:"想要一家人幸福就做饭,想要朋友幸福就做东,想要自己幸福就做梦,想要一辈子幸福就做事。"我要说的重点在最后一句。

在一项实验里,心理学家付费给一些大学生,他们的任务就是什么也不要做。虽然他们的生活需要满足了,但不允许他们进行任何工作。在实验进行的第二天,这些大学生开始感到不开心了,即使他们已经赚到了比真正工作还要多的钱。这说明人并不仅仅需要收入,更需要激励和挑战来实现自己的价值。

这让我想起了一部美国电影《凤凰劫》,这部电影描述了一个浴火重生的情节。大意是一组人马坠机在沙漠里,在等待救援与自救的博弈中,最终人们选择了把命运掌握在自己的手里。他们打算用一架飞机的残骸去造另一架能飞的飞机,而当时没有工具,没有人真正懂造飞机的原理,担任设计师的不过是一个模型飞机设计师。那个设计师有一句话:"能飞在天上的人怎么能没有梦想呢?"

影片中还有一句经典台词:"人必须要有个人去爱,要不就给个希望,实在不行就给点事做。"也就是说,危机时,如果你不能拯救大家,至少给人们希望,如果连希望都没有,至少你得给人们找点事干。

最后飞机飞起来了,他们得救了,他们完成了一项"不可能完成的任务",所有人的幸福达到了极点。

幸福绝不是不劳而获,而是你的每一次努力都会有收获。当然我们并不提倡痛苦的努力和奋斗,我们倡导快乐工作,做自己喜欢的事,并从中获取收益。做任何一件事,如果乐在其中,当你的兴趣在那里,你所投入的热情和效益的产出都会是加倍的,而在这个过程中,你同样可以体会到幸福。

"沮丧懊悔者是过去的奴隶,疲于奔命者是现在的奴隶,沉迷享乐者是未来的奴隶。"眼前和未来的幸福是可以平衡的。为了一些长期的目标和梦想,有时我们必须得牺牲一些眼前的快乐,但是也不要忘记在当前的工作中,仍然可以挖掘过程中的幸福。

长远的幸福,也需要我们为了一个有意义的目标去快乐地努力和奋斗。幸福不是拼命往山顶爬而不看身边风景,也不是在山下瞎转悠而停足不前;幸福是爬上山顶享受无限风光,也是向山顶攀登过程中的种种经历和感受。

当然我们的目标必须是经过沉思的,是发现了真正的自我后真正有意义的目标,不是随波逐流和盲目攀比的目标,而是一种"真我呼唤",正如曾获诺贝尔文学奖的乔治·伯纳德·肖所说的"这才是生命的喜悦,那种为了真我目标而奋斗的感觉"。

很多不幸福的人,往往是"后悔过去,忽视现在,恐惧未来",而很多幸福的人都是"品味过去,珍惜现在,憧憬未来"。

第二章

幸福老板五项修炼

在很多的人眼中,老板们有成功的事业,拥有大房子住,有好车子开,应感觉很幸福。但事实上并非如此,我在140多场专门面向老板们的"幸福企业"报告会上,曾经做过调查,结果让人感到意外,我让真正觉得自己幸福的老板举手,每次统计下来举手的企业家都不会超过5%,就是说有95%的老板认为自己不幸福或不太幸福,这是一个特别严峻的现实。

许多著名的企业家也曾经道出过自己的心声。宗庆后说:"我每天工作16小时,我自己的幸福感还不如自己的员工";马云说:"今天要我重新选择,我一定不会再做马云,太累了,我一会儿要担心资金,一会儿又担心规模太大,一会儿又担心员工,远远没有幸福感。"张朝阳也说:"以前我觉得钱越多,自由度越大,人就会越幸福。当我真的什么都有了,但我依然还这么痛苦。"

中国的企业家正在变得前所未有地富裕,同时也经历着前所未有的幸福危机。许多人还在悲剧老板的人生轨道上前进,如若再不转轨就会非常危险,说严重点就是"车毁人亡"。怎样才能让自己变成"幸福老板",在这里我提出了"五项修炼"。

修炼一　放慢脚步,让幸福跟上

对于我们个人来讲,小时候父母看到我们偷懒时会说:"你要好好学习,将来才能找个好工作,才能赚大钱,才能娶个好媳妇,才能吃香的喝辣的。"这就是父母给我们定义的幸福。而对于创业者来说,还记得我们为何要上路吗?没错,是为了幸福,为了过上我们心中的幸福生活。但现在我们追求事业更大,钱赚得更多了,而幸福呢?却被我们追丢了。因此我说,我们跑得太快,幸福被我们甩到了身后,我们要放慢脚步,让幸福跟上。

1. 向幸福出发

我认识很多亿万富豪,但是他们在与我交流时,我发现他们并不幸福。财富是我们用来保障幸福的手段,但绝不是目的。钱是永远赚不完的,追求财富也需要有个度。有些人把追求财富当作目标,但有时财富就像海水,你喝得越多,就越感到渴,最后反成了财富的奴隶。所以说财富和幸福绝对不能画等号。

在撒哈拉大沙漠中,有一种沙鼠,每到旱季到来的时候,这种沙鼠都要囤积大量的草根,以备度过艰难的日子。沙鼠忙得不可开交,在自家的洞口进进出出,满嘴都是草根,从早晨一直到夜晚,辛苦的程度非常让人惊叹。

当草根足以使它们度过旱季时,沙鼠仍然要拼命地工作,仍然一分不停地寻找草根,运回自己的洞穴,似乎这样它们才能心安理得。

一只沙鼠在旱季里要吃掉两公斤草根,而沙鼠一般都要运回十公斤草根,这样它们才能感觉到踏实,大部分草根最后都腐烂掉了,它们还要将腐烂的草根清理出洞。

这一现象是由于沙鼠一代又一代的遗传基因所决定,是沙鼠出于一种本能的担心。这种担心使沙鼠干了大于实际需求几倍甚至几十倍的事。看到沙鼠的故事,我也想到中国人的一个特点,就是喜欢赚钱存钱,但是不愿意去享受生活。我们再来看被称为全球"最幸福"的北欧人,他们下班开着车到湖边或山上,愉快地划船或攀岩,每年都给自己放个长假,到全世界去旅行。北欧人经常挂在嘴边的一句话就是生活品质,瑞典人还有句老话:"钱是可以储存的,而时间是不能储存的,你怎样花时间,决定了你一生的生活质量。"被房子、车子、票子充满的人生,和被孩子、妻子、园子充满的人生,北欧男人选择后者,因为他们要的是生活的品质,这些不是用财富来衡量的。

我再讲一个真实的故事。一对年轻人,互相深爱对方,他们十分贫穷,却对未来充满了向往。20多年过去了,他们创造了中国领先的餐饮品牌,并且要上市。事业的成功并没有给他们带来幸福,两人的故事桥段俗套又跌宕:男人出轨,秘密离婚,争夺家产,赶走女人的弟弟,并违规转移公司资产,女人和弟弟联合起来将男人送进了监狱,故事的结局十分可悲。也许,他们都忘记了当初是为什么而出发的。

有时候,我们真应该停下来,休息一下,让灵魂跟上,好好问问自己,我们追求的是什么。幸福是我们创业时的原点,也应当是我们事业成功后的回归点。

2. 让健康无忧

我们的钱是越赚越多,人却越来越累,这样下去是何结果？结果一定是累病、累垮,甚至累死。这就是典型的悲剧老板。

我讲一件真事,有个东莞的企业家非常乐意赞助各种选美大赛,我问他你一个制造业与选美有何关系？他说:"我前半辈子用命换钱,现在浑身都是病。现在没有任何事能让我高兴起来,我就是看到美女高兴。见到美女多的时候,我就愿意赞助,就这么一个理由。"没想到3年前我得到消息说,他现在已经进监狱里了,连看美女的机会都没有了。

还有一位企业家曾对我说:"我赚了那么多钱,我自己能用的不也是最上面那一小摞吗？现在我的身体像一个长年失修的机器,到处是毛病。这些钱对我来说只是数字,意义不大。"

很多企业家**前半生是用命来换钱,后半生拿钱来换命**。前者能做到,后者却很难做到,钱永远赚不完,而命是自己的。钱是带不进棺材的,创业不应当成为一条不归路。

在这里,我想对大家说一个自然规律:35岁以后,人体钙质便开始脱落,身体机能开始下降。你需要从35岁以后就开始转型,逐步减轻工作的负荷,才能保持健康。据统计,中国企业家过劳死的高峰年龄是44岁,应该就是从35岁开始身体逐步下降,工作与日俱增的恶果。

在一项企业家健康调查中,我们发现中国的企业家平均每天工作10小时以上,加班加点更是家常便饭,选择"8—10小时"的占38.4%,选择"10—12小时"的占34.7%,选择"12小时以上"的占7.8%。这三项相加达80.9%,即八成以上的企业家每天工作超过法定的8小时,而每天工作10小时以上者达42.5%。反之,按照法律规定每天工作在"8小时以内"的仅占19.5%。这种超负荷的运转,必定会透支生命,让自己的健康亮起红灯。

有时我们也需问问自己:你多长时间没有给自己作过全面的身体检查了?你多长时间没有打打球,跑跑步了?你能不能推掉不必要的应酬,少喝点酒,多和家人一起吃顿家常饭?你能不能给自己放个假,爬爬山,到海边呼吸一下带着咸味的新鲜空气?

因为每个人的生命只有一次,对生命尊重的体现首先就是要对自己的身体负责。健康是人生第一财富,健康是幸福之本,身体是1,财富是后面的0,没有1,后面的0再多也没有任何意义。各位老板必须尽早实现从"悲剧老板"到"幸福老板"的转变。这既是对自己负责,也是对事业负责。企业家身体健康不仅仅是为自己,还是为了信赖自己的客户,为了追随自己的员工,也是为了企业的基业长青,这应当是一种社会责任!

为此,我送给企业家朋友们一副对联:

朋友是风,朋友是雨,朋友多了可以呼风唤雨;

健康是天,健康是地,健康无虞才能顶天立地。

3. 慢走啊,欣赏啊

著名的美学大师朱光潜在欧洲旅行时,看到路边有个标语:"慢慢走,欣赏啊!"对此,朱先生感慨道:"很多人在这车如流水马如龙的世界过活,恰如在阿尔卑斯山谷中乘汽车兜风,急急忙忙地驰过,无暇一回首流连风景,于是这丰富华丽的世界便成为了一个没有趣味的囚牢。这是一件非常可惋惜的事。"

其实人生并不漫长，短短几十年非常短暂，这个世界上有太多的美好，如果我们还没来得及欣赏就离开这个世界，这才是人生最大的悲哀。

我很喜欢近几年全球刮起了"慢活"风。在西方，"慢活"被视为找寻生活真谛的一场运动。英文中，把追求慢活叫作"Find your inner tortoise（找到你心中的乌龟）"。如今，"慢生活"已渗透到各个方面，吃有慢餐，行有慢游，读有慢读，恋爱有慢爱，锻炼有慢运动……无处不在地提醒人们放缓脚步，享受人生。

请细想一下，今年的正月十五，你有没有出门看看月亮？去年的八月十五，你们有没有出门看看月亮？我想很少人会说有吧。

你早上醒来睁开眼睛以后，做的第一件事情是什么？是感受清晨的空气？是慵懒地伸伸腰？还是立刻翻身看看现在几点了？我相信很多人老觉得有忙不完的事，时间总是不够用，终日忙碌，重复着办公室、家里、车上这样的"三部曲"。再想想你多长时间没晒过太阳了？很多国外的企业家都喜欢旅游，而中国的企业家呢，天天加班，真的是全世界最勤奋的了，虽然可敬，但也可悲。

很多企业家都习惯于快节奏，时间利用上也特别有效率，走路快，开车快，吃饭快，这也是他们成功的一大原因。但是当我们事业取得了成就，在事业快车道上，还能不能慢下来？因为你再加速，就有可能让自己的事业和健康追尾了。

那些被速度绑住的企业家们，你们还能不能放慢生活的节奏，慢慢地吃、慢慢地呼吸、慢慢地思考、慢慢地休闲。慢活不是在浪费时间，而是提醒我们不要忽略了道路两旁美丽的风景和本该细细品尝的生活况味，也不要错过了身旁亲人关怀的眼神和暖暖的爱意。

一个幸福的老板,才能带给员工笑容,才能带给社会笑容,才可为社会创造更多的幸福。让我们放慢脚步,让幸福跟上,倾听内心的声音,重新找回最适合自己的生活节奏!

修炼二 放开双手,让烦恼落下

有一位老总,觉得城市生活太过繁忙,就决定到一座大山里去放松一下,可是他却放不下工作,忙着遥控处理公司大小事务,各种电话不断。他虽然呼吸着山里的新鲜空气,周围是花香鸟语,但是却没有感到一丝轻松。

在路上,他看见一个背着一大捆柴草、边走边唱着山歌的农夫。他就问:"你知道什么是幸福吗?"农夫放下沉甸甸的柴草,舒心地揩着汗水说:"幸福很简单,放下就是幸福啊!"

老总马上明白了:虽然他现在身在山间,可他的心却还留在公司里,怎么会不累呢?只有放开双手,才能让烦恼落下。

1. 放手,放手,再放手

很多老板事无巨细,事必躬亲,他们是完美主义者,容不得一点不完美,看员工干得不合自己心意就自己来干,结果把所有的事情都揽到了自己怀里,既辛苦了自己,又减少了下属的锻炼机会。员工得不到机会,又怀着"凡事都有老板来干"的想法,就更会降低工作的积极性。员工越干越差,越干越没劲;老板越干越忙,越干越辛苦,成了春晚上说的"小陀螺",这就成了一个恶性循环。

万科地产的员工上万,年营业额上千亿,企业里面的事儿应该不少吧,但万科的掌门人王石却能有时间经常去爬山,去哈佛读书,去炖红烧肉,为什么呢?

王石给出了自己的秘诀:不做企业里的超人,要充分地放权,把权力交给团队。他的放权有三个逻辑:第一个逻辑是,要允许部下犯错,你如若死死管着他,他就始终不能成长;第二个逻辑是,部下要比你还专业,每一次交换意见时,如果你被他启发,你就会感到幸福;第三个逻辑是,要让自己"从超人变成普通人",因为这对企业的前进很有好处。如果你培养的人才确实不行,你自己行,那你还能做多少年呢?你再伟大也不能违背自然规律,如果有一天你突然走了,企业怎么办呢?

被称为第一 CEO 的杰克·韦尔奇有一句经典名言:"管得少就是管得好。"乍听此言觉得有点不可思议。但实际上"管得少"并不是说管理的作用被弱化了,只是采用放权的"效率管理"可能会产生百倍的效果。

早在两千年前,韩非子就说过:"下君尽己之能,中君尽人之力,上君尽人之智。"放权毫无疑问,能让员工发挥主观能动性,去施展才华。在企业一开始推动放权文化会有一定的难度,可是一旦推动成功了,就能让员工主动思考怎样做才是对顾客、对企业最好的抉择。

作为老板,一定要清楚自己的长处和短处,明白自己什么能做,什么不能做。如果你不放权,那么你的短处也会暴露,个人精力也会更多地被消耗在大量的日常事务管理中,反而牵制你长处的充分发挥,而这对公司整体来讲是致命的。

如若充分放权后,企业中的人才也可有机会脱颖而出,为企业未来的发展做好人才储备。

作为一个好的企业家,必须要有所为,有所不为。其实一个企业家只需要做三件事就可以了,第一算好账,第二管好人,第三分好钱。企业家只需要管这三件事,其他都不用管。

第一是算好账。算好账就是做好决策。核心考量两点:一是值不值得做,二是能不能做。如果两条都具备就拍板,反之就放弃。决策其实就这么简单。

第二是管好人。就是为企业发现人才,利用好人才。现代企业管理是以人为本,中心问题就是管"人"。"管好人,少管事"是很好的管理哲学。把合适的人放在合适的位置,管好用好,事业就成功了一半。

第三是分好钱。分好钱就是实行利益驱动。通过建立多劳多得、奖优罚劣、公平竞争的先进机制,打造利益共同体,让员工实现自我管理,"不用扬鞭自奋蹄"。

在企业中,老板只要做好这三件事儿就是一个合格的老板,一个背着各种包袱的老板,顶多也只是一个沉重的成功者,但永远不能站到巅峰。

2. 外包,外包,再外包

美国的一家基建公司有一位程序员,他是整个公司公认的最高效的员工,并因此拿到优秀员工奖。他一天的"工作"就是在网上闲逛,9点上班后看看新闻网站和视频,11点半去吃午饭,下午1点开始"工作"去逛购物网站淘东西,然后再花两三个小时登录社交网站,5点准时打卡下班。原因是他把工作全部都外包给了中国沈阳的一家软件公司,他仅需支付薪水的五分之一。

在程序员界这篇新闻曾经炸开了锅,也有一些人指责他不诚信。但是我觉得这个程序员非常的聪明,也充分地体现了"外包"的魅力所在。

作为一家企业来说,外包也是现在世界的一种潮流,你不外包你的竞争对手也在外包。想想看耐克是怎么做的,作为全球鞋业的老大,它没有一个工厂是自己的,而是把生产这种"苦差使"交给了它的代工厂,也就是采用OEM(Original Equipment Manufacturer)模式,授权受托厂商按客户的需求进行生产。

我们世界杰出华商协会有个广东清源的会员企业,就是一家耐克的代工厂,老板姓张,企业有五万员工,2008年金融危机时,耐克的订单减少了30%,他只有裁员两万人。后来业务又恢复了,他又去招人,你看耐克把一切负担和风险都转嫁给代工企业了。而耐克全球只有一千多名员工,其中有着数百名的研究人员,这才是它的核心竞争力。

再想想看苹果是如何做的,苹果公司只负责产品和商业模式的设计,而把低利润的硬件制造都转移出去了,例如Iphone,在加州苹果总部设计,康宁的玻璃,TPK的触摸屏,LG的显示模组,Sony的镜头,三星代工的芯片,富士康的组装。如果所有的工艺全由苹果公司来完成,苹果公司得需要多少员工?现在仅富士康就有上百万的工人,各种管理上的麻烦都甩给了富士康。

同样,像索尼、惠普、戴尔等品牌的电脑生产也大多是外包给中国的代工厂。

还比如当你在美国打电话咨询一些事情,接电话的人通常会讲一口流利的英语,也许略带口音。我们认为是美国本地人,事实上很多电话已经被转往了印度。据统计,有数以百万计的印度人在替美国的公司担任客服工作,甚至印度已经衍生了一些规模不小的客服代理公司。

现在中国的一些银行、保险企业好多业务也开始外包了,因此我想对大家说,不要想着做成"大而全"的公司,能外包的尽量外包,不要想着钱被别人赚了不划算,大钱小钱全是自己挣,那你挣得过来吗?现在是一个专业细分化的时代,不但业务可以外包,人才招聘也可以外包,管理同样也可以外包,财务方面、法律方面、品牌方面等等,也都可以找专业的机构来外包,你要做的就是整合好就行了。中国的房地产商在这方面做得比较好。

外包的目的是把企业解放出来以更专注于核心竞争力打造,同时还能减少成本,提高质量,最近外包协会进行的一项研究显示,外包协议使企事业节省9%的成本,而能力与质量则上升了15%。

外包是一种新的商业思维,也是一种必然的趋势,有效的外包行为还会增强企业的竞争力,所以说外包服务势在必行,**我认为凡是能外包的我们应尽量外包**,一定要"删繁就简三秋树",要外包到不能再外包为止。

3. 集中,集中,再集中

《孙子兵法》上讲:十则围之,五则攻之,倍则战之,敌则能分之。意思是说:我十倍于敌,就实施围歼,五倍于敌就实施进攻,两倍于敌就直接对阵,势均力敌则设法分散各个击破之。毛泽东打败蒋介石就是靠"集中优势兵力打歼灭战",这就叫集中化战略。简单来说,集中化战略就是以专胜广,伤其十指不如断其一指。

有的企业家把自己当成全能选手,盲目多元化,不但把自己搞得非常累,有时还会把企业拖入困境中。有的老板认为名片上印上很多公司的名称,自己都是董事长,觉得很光荣。但事实上,我看到名片印一大堆企业名的,往往都缺乏竞争力。很多企业家一旦赚到了钱,就到处铺摊子,甚至搞一些毫不相关的行业,最后一看精力不够了,搞不好了,再去收缩,结果走了不少弯路。人的精力是有限的,用有限的精力去做无限的事情,最终你一定会失败的。

这是一个全球化充分竞争的时代,很难有企业能达到通吃的水平,以专胜广的集中化战略是制胜的法宝,对中小企业尤其重要。

IBM的集中化战略就是一个优秀的案例,IBM是做硬件起家的,在彭明盛主政后,却壮士断腕般把PC部卖给了联想,他专心去做"综合商务解决方案",从硬件生产商转型成为IT服务商,股票价值也翻了许多倍。

万科以前还有个万佳超市,卖掉后专心做房地产;格力空调只做空调,并入选《财富》"中国企业百强",在整个行业中遥遥领先;华为从一开始就定位在通讯供应商,而且这个角色从来就没有变过。类似的例子不胜枚举。

我所知道的许多企业陷入困境,都是由于盲目扩张、盲目多元化造成的。新的项目不能产生价值,结果投入大于产出,资金链断裂,把企业拖垮了,这都应当为我们敲响警钟。

固然,若你确实足够强大,想要扩张到其他领域的时候,也要注意两个问题。首先,我们要首选产业的相关性,这样各个产业之间可以相辅相成,交相辉映;其次,多元化的过程中,一定要注意资产的流动性,切忌孤注一掷,把自己套牢。

修炼三　关爱员工,让幸福保值

我们活在这个世界并不只是为做事业的,我们是来体验幸福感的。

我们不是要去跟人家比谁大、谁强,而是应该比谁的企业更幸福。我们应当鼓励员工们追求身心的健康,追求家庭的和睦,为员工营造一个和谐的工作氛围,倡导简单而真诚的人际关系,让员工在工作中带来快乐和成就感。这是让员工幸福的基本方面。

事实上,员工幸福了,他才能工作更有积极性,更有效率,也才可以为企业吸引来更多的人才,才能留住更多的人才,他们才会帮老板做更多的事,让老板安心,使企业有更大的盈利能力,把事业做得更大,老板的幸福才能保值,才能长久。

1. 让员工幸福,是老板的天职

企业是为全体员工谋幸福的工具,而不仅仅是为老板赚钱的工具。让员工幸福是企业家的社会责任,是天职,是义务。

新东方的董事长俞敏洪说:"新东方关爱员工健康,经常邀请健康专家作主题讲座,消除员工潜在的健康顾虑,解答员工关心的健康问题。同时,我个人也特别重视和员工沟通,我经常给员工写信,勉励大家为了共同的事业不懈努力。"

娃哈哈集团董事长宗庆后说:"我平时吃饭就在单位食堂,和员工一起吃,大家都是平等的。而过年期间,员工只要愿意加班,我们都按法定3倍工资算工资,除此之外,每人每天还有100元补助。去年除夕,我给留在杭州的员工拜年,从上午10点开始一直到下午2点。为了方便大家过年,我在杭州8处都办了年夜饭。"

光线传媒总裁王长田说:"参加同事婚礼,本来是喜事,我却有些难过。同事怕麻烦公司,自己筹备一切,结果婚礼气氛、规模、程序都不尽理想,如若有公司帮助也不止于此。因此我在饭桌上作了一个决定,成立一个员工服务部,专门帮助员工安排婚礼、就医、出差时宠物寄养、家属接待及各种意外变故等。"

盛大集团董事长陈天桥说:"为了提升员工幸福感,自2011年1月开始,盛大推出历时三个月的'员工关爱日'活动。我们与EAP(员工帮助计划)领域顶尖管理咨询公司合作,邀请中国EAP服务中心签约培训师到盛大集团及旗下各业务公司,为员工进行面对面的单独咨询,咨询内容包括了婚恋情感、工作生活等,过程中的所有信息完全保密。"

GE(通用电气公司)上海总部为妈妈们建立了哺乳室,每天平均有10多个GE妈妈光临。每天两次紫外线消毒、专有冰箱储存的母乳,以及舒适干净的环境给GE妈妈和GE宝宝们的健康加了道保障。有了哺乳室,她们再也不用躲在卫生间尴尬地"操作"了,宝宝口粮的安全卫生也有了保障。

大家也能看到,有时建立幸福企业未必需要花很多钱,只要为了员工幸福着想,用心去做,就一定会有很好的效果。

我也给公司订下了两条原则:让员工不幸福的制度,如果没有不可抗因素,一定要取消;能让员工幸福的制度,如果没有不可抗因素,一定要执行。

⟪⟪⟪⟪ 2. 用"爱"经营,仁者无敌

在企业管理界有个著名的弗里施定理:没有满意的员工,就没有满意的顾客。如果你的员工不幸福,你的顾客又如何从一个哭丧着脸的员工那里得到美好的消费体验?

员工的幸福指数与提高工作效率、提高员工企业认同感、激发内在潜能等方面都是相关的,简单来说就是,员工越幸福,效率会越高,也更有创造力。为此,我们天九幸福集团特地将企业使命确定为:为企业加速,让伙伴幸福。

员工的幸福将会与企业的发展形成一个良性的循环效应:员工幸福感的提升,带来的是更好的产品与服务,也就是顾客幸福感的提升;顾客幸福感的提升,带来的是企业更好的发展,也才可以让企业更多地投入践行社会责任,为社会创造幸福;为社会创造了幸福,你就为人类文明发展做出了贡献。想想看,这样一来,是不是作为老板的你才有了更高层次上的幸福感?

反之,如果员工不幸福,那可麻烦了。老板以员工不造反为限对待员工,员工以老板不开除为限来工作,两方相互糊弄,员工心思不在工作上,产品或工作事故不断,并让你失去一笔笔单子,失去一个个客户,失去一个个赚钱的机会。

你让员工不幸福,员工就会骂你,一个老是被员工骂的老板是失败的,身上被堆满负能量,也不会有好运气。只有你照顾好员工,相互成就,你才会获得员工的尊重,公司才能拧成一股绳,上下一心,才能其利断金。

你不建设幸福企业,你的同行在建设幸福企业。水往低处走,人往幸福走,这样就会造成员工的大量流失,让优秀的人才离你而去。如果员工带着怨恨离你而去,说不定日后还会与你为敌,这种情况并不罕见。如果你的好员工都走光了,你的企业也就垮了。你的事业垮了,你还有什么幸福可言?

所以说,员工不幸福,老板的幸福就不可持续,这不仅仅是爱心的问题,也是你企业发展的必需,是老板幸福的保障。员工不幸福,老板的幸福就是无源之水,无根之木,就是建在沙子上的危楼。所以我说,关爱员工,可让老板的幸福保值。

修炼四 回归家庭,让幸福生根

我们很多老板把企业做大了,却把家庭做垮了。有的企业家做了很多善事,帮助了很多家庭,给别人带去了幸福,但滑稽的是自己家庭却是不幸福的,事实上看这也是社会责任的一种缺失。

美国总统竞选的时候,老婆孩子齐上阵,候选人要在公众面前经常"秀恩爱",因为如果你家庭不和谐,不幸福,你又如何让国民幸福,让选民信任你呢?家庭是幸福的港湾,是奋斗的"充电器",让家庭幸福也是老板的社会责任。

1. 幸福家庭是企业家的"充电器"

有一次,我去山东考察一个企业,老板是这个市的首富,他把太太带出来和我们一起吃饭,整整一顿饭,他老婆没说一句话。后来他告诉我,他太太现在患精神抑郁症,他甚至很担心太太会自杀。他说由于以前在外面打拼,根本就没有太注意关心家庭、关心太太,就出现了这种悲剧。他希望让我的太太多带着他的太太到全世界跑一跑、玩一玩,多帮她开解一下,把这种状况改变过来。

我还经常见到企业家的孩子出问题的,有些企业家平时对孩子没时间管教,放任自流,自己也觉得忙事业,欠孩子太多,觉得和孩子见个面都不容易，见个面为了让孩子高兴，要钱给钱，孩子有了钱就去吃喝玩乐，结果孩子被惯坏了。现在富二代以身犯刑的也不鲜见，孩子出了状况，别说幸福了，愁眉和白发都增加了许多。

也有企业家父母去世我参加过葬礼的，他哭得很悲痛，我说人死是自然规律，如果你父母活着时你孝敬过了，你也不用哭这么伤心。我这么说完，他哭得更厉害了，我想根本原因就是他一定觉得对不起父母，在父母活着的时候没有尽到孝心，现在想尽孝心了已经没机会了，这就是"子欲养而亲不在"。

再一个常见的现象就是企业家在富了之后，开始"乱花渐欲迷人眼"，在美女面前失了分寸，以至于"后院起火"，殃及企业。

日照钢铁集团董事长杜双华的前妻，离婚后再度将其告上法庭，要求为两人11年前的离婚案翻案，背后关于财产分割的猜测，一度干扰到日照钢铁的企业运营；赶集网总裁杨浩然与王宏艳长达3年的感情纠葛，引发了赶集网一系列的人事地震；土豆网创始人兼CEO王微的离婚纠纷，更催生出投资方与项目创始人之间的"土豆条款"，以至于独立上市受阻。还有真功夫创始人蔡达标创业成功后，夫妻反目，转移资产，并因此而入狱……

这样的故事见诸媒体的和不为人所知的，屡屡皆是。而一个企业的运营或品牌好感度，也因被无数人轮番指责后受到不利的影响。一位投资界的朋友告诉我说："现在他们考察投资对象，创始人的夫妻关系也成为了重要的考察因素来衡量。"

当然，我见过的家庭和睦、夫妻恩爱的创业夫妻也不少，我也经常和他们一起讨论总结其中的心得。我发现这里面大致也可分几种类型：夫唱妇随、妇唱夫随、夫妻相补，幕后贤内助。但无论哪种类型，说起夫妻相处之道，我也想说："不幸福的家庭各有各的折腾，幸福的家庭都很相似。"

"我们并不打算给孩子留多少财富，父母的恩爱是给孩子最好的礼物。"

"在我创业最艰苦的时候，人家没有嫌弃过我，现在事业成功了，我怎么能抛弃她呢，如果这样做我还是人么？"

很多企业家给我谈过他们类似的观点。我总结企业家事业成功，夫妻感情不褪色的关键在于：感恩，珍惜，节欲。

重庆小天鹅控股集团总裁、重庆地标性建筑洪崖洞的缔造者何永智女士，在随我出行"全球杰出华商—财富印尼行"时，说起她的夫妻相处之道，她说："我最自豪的不是我的事业有多成功，而是我的家庭有多幸福。家庭幸福就是我'隐形的翅膀'，丈夫善于处理各种外部关系，他有战略眼光。而我就处理好公司内部的事情，和员工与客户打好交道。我们就是一对黄金搭档，他负责把事情做大，我负责把事情做好。我们在感情上，相互欣赏，相互依赖……"一说起她的幸福家庭，她就滔滔不绝。

我再举一个例子，华人首富李嘉诚和他妻子庄月明的故事值得很多人学习。庄月明是李嘉诚的表妹，李嘉诚出身寒微，只读过初中，事业也刚刚起步。庄月明出身富贵名门，先后就读香港大学和日本明治大学，她不顾家人反对嫁给了表兄李嘉诚。

婚后，妻子加入长江工业公司，全力帮助丈夫的事业，她流利的英语和日语、谦和勤勉的作风，深得同事的尊敬。李泽钜和李泽楷两个儿子相继出生，庄月明退居幕后，相夫教子，孝敬公婆。然后在事业的转折点上，这个受过名校教育的学高历妻子,还是帮了丈夫很大忙。"长江实业"上市,就是李嘉诚事业上的重大转折点。而这个过程中,她出任执行董事,任何人都不可否认庄月明起到了关键性作用。李嘉诚不少石破天惊的决策,都蕴含了庄月明的智慧和心血。但庄月明在公众面前始终保持低调,她很少露面,也不接受记者采访,她把所有的功劳都留给自己的丈夫。

很不幸的是,庄月明过早去世。香港不少富商都以绯闻为荣,但李嘉诚始终如一块白璧。港人都知道李嘉诚和庄月明情深似海,所以至今竟无人向他提及续弦之事。李嘉诚投资建立香港大学庄月明化学楼、庄月明物理楼、明爱庄月明中学等来纪念自己的妻子,可见庄月明在李嘉诚心中是无人能代替的,此生只爱她一个人。

我的妻子也给过我很大帮助,我在政府上班之时,她就已经开始创业,等初具规模,我下海,她上岸,实际上是我接了她的班。在后面事业做大的过程中,她也一直在背后帮我,比如说我是个不喜欢应酬的人,有时她也替我接待客人,替我打理各种人际关系。当我举棋不定之时,妻子也愿意与我一起商量,帮我做决定,推动我的事业向前走。这么多年来,我的家庭在妻子的打理下,几乎没有牵扯我的精力,一直以来,家庭就是我幸福的港湾和事业的"充电器",我打心眼里感谢我的太太和我们家中的每一位成员。

2. 我的幸福港湾

说起我的家庭,我也很想与朋友们分享我与全家人的相处之道。我和我的爱人是患难夫妻,我们一起吃过很多苦,这么多年来,我们之间一直是无话不说。我如果外面有事晚回家,都会向她请个假,让她不会为我担心。如果有矛盾和分歧,我都尽可能让着她,无关大局的事,我对了也会向她认错。她平时为家操持很辛苦,我有时也会亲自下厨为一家人炒上几个菜,全家都会开心。

说起我的女儿让我想起了一则往事。我记得我的女儿5岁半的时候,因为我们夫妻忙事业,我把她送到成都去读私立学校了。把她送去读书的第一天,她不知道成都离广元有350公里,就是抱着我的腿不让走。在学校见不到我们她就哭,老师骑着一辆自行车说送她回家,就在操场上一圈一圈地转,直到转到她睡着为止。有一次,她打电话哭,说想我们了,她妈妈说你想我们就看照片吧,她说照片不能动啊。

那次通话给我触动非常大,我觉得女儿这么小的年龄,心理上受到这种伤害,对她成长不利。于是我就下决心,每周六的晚上,我就坐火车到成都,第二天礼拜天陪她一天,周日晚上再又坐火车回广元。到周一早上八点准时上班,每周这样(那时每周只放一天假)。我记得每次坐火车大概12个小时,来回要20个小时左右。我女儿那时还小,也不知道爸爸是怎么来的,更不知道广元离成都有多远。

就这样,我坚持了半年时间,你们知道那个时候火车太拥挤了,根本就没座位。广元是一个小站,中途根本没座位,怎么办呢?就拿张报纸,垫在座位下面的地上,别人坐在上面,我就在他们的屁股下面睡觉。因为必须要睡,不睡第二天就没精力陪女儿在成都玩上一天啊!在这个过程当中自己没感觉到痛苦,而是感觉到一种幸福。

对我的父母,我非常庆幸的是他们现在都80多岁了,身体还很健康,我把他们接到我身边一起生活,我们老家在四川,他们喜欢打麻将,我无论多忙,每周都抽些时间陪他们打打麻将,总是找机会让他们打赢,让他们高兴。

以前每年过年的时候,我除了送父母礼物,还给他们送红包。现在想想他们年纪越来越大,我给他们发红包的机会越来越少,只要是过节,不管什么节,我都会给父母红包,过年的时候还要多分几次给他们发红包。

2013年元旦晚餐前,我给父母一人一个红包。春节前,我的兄弟姐妹们都带孩子过来,一家人大团圆,我又给父母发了红包。年三十吃年夜饭前我又给父母送上红包,正月初一早上我给父母拜年,又送上个红包。正月十五我们一家人吃完饭出去看烟花前还是父母一人一个红包。过年我分了五次发红包,让他们高兴五次。

我的兄弟姐妹也有人说过我:"你太俗气了,跟老年人还动不动就给红包、给红包的",其实我也深知父母平时用钱的机会不多,但他们拿到钱就是高兴。我对我的兄弟姐妹说,你多留意看着,他们发现父母收了红包,一会儿就不见了,到哪去了呢?原来是找个地方去数钱了。

我发现我们这一代人的父母,都是从苦日子里过来的,都受过穷,挨过饿,以前一分钱要掰成两半用,因为缺钱,吃不饱、穿不暖的痛苦记忆永远消除不了。虽然现在什么都不缺了,但是数钱给他们带来的快乐还是显而易见的。既然这样能给他们带来幸福为什么不做呢,不但要做,还要多做。如果说俗,那也是大俗大雅。因为没有什么比孝心更雅的了。

我现在就努力追寻的一种境界是,如果我的父母去世了,我能够不哭。怎样才能做到呢?就是他们在的时候,把该尽的孝心都尽到。当然了,尽管这么说,我还是觉得欠父母很多,父母的恩情这辈子都是很难完全报答,但要努力让自己少一些遗憾。

另外,我的家是一个大家族,我父亲兄弟姊妹很多,七个兄弟姊妹。

在当初我们最穷困的时候,我有一个愿望,第一自己要考上大学,从山里走出来。第二考出来之后,要把整个家族都带出那个深山,带到城里来,带到首都来。最后我出来之后,一步步地把我的亲人们带到了广元,带到了成都,带到了北京,现在我们整个家族已经是一百多口人,整个家族都在北京安居乐业了,大家住在一起老年人也开心,孩子们也有的玩,中年人也有的玩,都非常幸福。

前几年,由于出来的时间长了,长辈们开始思念家乡了。于是,我又花了几百万把老家的房重建了,平时给两个村的乡亲们做免费诊所,节日里供长辈们回去与亲友团聚。今年春节,我们50多人陪8位长辈回老家过春节,还搞了家庭春晚和家庭运动会,大家都说过了个最幸福的春节。看到长辈们及一大家的幸福,我也感到无比的幸福。

3. 建设幸福家庭的三条理念

怎样建设幸福家庭呢,我认为首先需要先确立理念。我总结了三条:**第一条,富不重要,贵不重要,幸福高于一切。第二条,对不重要,错不重要,情高于一切。第三条,工作重要,家庭重要,健康重要,平衡高于一切。**我认为只有具备了这样的理念,才能建设幸福家庭。

在方法上,我也想总结几个方面,以供大家作个参考。有时候,家是个讲情的地方,而不是一个讲理的地方。有的企业家回到家里,跟老家人、跟太太、跟儿女讲道理,非要弄个是非曲直,最后搞得鸡飞狗跳,谁都不买账,最后谁也不幸福。根据我的经验,尤其在太太面前老讲大道理,那简直是愚蠢。

我曾问过一些企业家的太太,我说为什么你在我面前是讲理的,而在你丈夫面前就不讲理了呢？她就会告诉我说：他是哥哥，我是妹妹，他在外面那么风光，我在家里无私奉献，他就该让着我。很多人都不了解太太们这种心态。有时候面对太太，对了也认错，才是好丈夫。但面对儿女，则不然，错了要认错，但对了绝对不能认错。要做一个坦坦荡荡的父母，给儿女做好榜样。

面对父母呢，那就更不要讲对错了，孝顺首先就是要"顺"，我跟我的兄弟姊妹有一个规定：要在父母说的话前面加一个"最"字，再重复一遍。父母说好，就说最好；父母说坏，就说最坏。因为我的父母都八十多岁了，你跟他去讲真理，讲正义，有必要吗？有时候父母说起过去的事，说起一些人，有些人已经过世了，如果父母说这个人坏，你偏偏说这个人好，父母说那个人好，你偏偏说那个人坏，那样做，除了惹父母生气，还有什么好处呢？

所以我的父母现在觉得是天下过得最幸福的，虽然 80 多岁了，体检结果各项指标都正常，每年还能去全球各地旅游。母亲 86 岁了，每周还要画几张工笔花鸟画。我父亲经常说："我睡着都笑醒，我觉得太幸福了。"我的母亲也经常开玩笑说："老二，我过得这么幸福，我就不死了。"我说那就不死了呗，好好活着。

原来我也听到过很多企业家理直气壮地讲，我在外面打拼，还不是为了这个家吗？我哪能什么都顾得过来？其实我认为还是一个心意问题，如果你足够重视这个家庭，就会知道如何让家庭和事业实现最佳平衡，而且肯定可以兼顾得好。平衡好家庭与事业的关系是你的责任，也是你有能力的表现，没时间永远都是借口。

修炼五　回报社会，让幸福升华

许多企业家认为企业是自己的，其实这是一种错误的观念。企业是在社会的土壤中生长出来的，它最后也必然要回归社会，所以我说**股权是自己的，而企业是社会的**。既然企业是社会的，是在社会的土壤中成长的，那我们就应理所当然地回报社会。企业的核心价值是什么？第一是为客户创造价值，第二是为员工创造幸福，第三是为社会创造福祉，第四是为股东创造回报。

◀◀◀◀ 1. 股权是自己的，企业是社会的

任何企业都不能脱离社会而存在，所以说企业在商业运作中除了考虑自身盈利外，也要考量其对社会和自然环境所造成的影响。一家企业的行为必然会影响到社会群体中的众多利害关系人，这包括员工、顾客、供应商、社区团体、母公司或附属公司、合作伙伴、投资者和股东等等。

企业是幸福的创造者，从企业内部看，就是要让员工幸福，从外部看，就是要让客户幸福，让全社会幸福。

而后者更能体现企业作为"企业公民"的社会责任。比如你生产出的产品是不是良心产品，是让顾客放心的产品。对自然环境有没有起到破坏作用，有没有把污水排到河里，注入井里，有没有为全国人民添堵。我认为这是企业社会责任的基本要求。

除此之外，企业家还该用赚来的钱回馈社会，多做造福社会的事。财富的价值不在于你拥有了多少，而在于你所拥有的财富跟别人有什么关

系，要看你为社会做出了多少贡献，从而体会到更高层次的一种幸福。

也只有这样，你才可以为自己的企业树立一种正面的社会形象，而你才能成为一个被人尊敬的企业家。想想看，你的财富有了，社会声誉也有了，自然就活得幸福，你也能使社会更加和谐。

"士农工商"，商人在中国历史上向来是不被看重的，很多企业家觉得自己富了，但不贵，也就是无法体会到"富贵"，什么是"贵"？我认为被人需要就是贵，能够利他就是贵。

如若中国社会在未来的十数年里，能产生一大批受人敬重的企业家，那么国家的前景就是美好的。反过来说，如果企业家都是被社会唾弃的，那么社会矛盾必定日深，社会失去了和谐，老百姓充满了怨气，暴力之事就容易出现；失去了好的商业环境，企业也就难以持续发展，有钱人还要为自己的生命财产担忧，那就相当可怕，更无幸福可言。当前社会上的"仇富"情绪就是一个很危险的征兆。

财富之道在于聚散之间。"如果你舍不得，你将会失去更多，直至全部失去。"一位在台湾的朋友这样说，他的父亲曾经是一位商贾巨富，最后失去了家产，跑路去了台湾，这也是他父亲经常给他说起的一句话。

若说当前中国还存在很大的贫富差距，社会还有裂痕，那就让我们企业家来做这个社会裂痕的弥合者吧。我们必须想到，我们的财富来之于社会，自然也应当回归于社会。我们应当要怀着一颗感恩之心来回报社会，让企业与社会形成一种良性的互动，让社会更加和谐，如此必当幸福自我，福及子孙。

2. 拥财而死是可耻

美国钢铁大王安德鲁·卡内基，在上个世纪初与"汽车大王"亨利·

福特、"石油大王"洛克菲勒等人的名字列在一起,是著名的大财阀。

他曾经集野心、才干和凶猛于一身,创建了一个钢铁帝国,几乎垄断了美国钢铁市场,创造了一个时代的传奇;也曾经与雇员们发生过血腥冲突,并让他终身蒙受耻辱。但让世人为之惊讶的是,他在自己事业的最巅峰,放弃了所有的一切,追求另一种自由、无拘束的生活。他宣布:"我不再努力挣更多的财富。"他毅然从他那蓬勃发展的钢铁事业中引退,以5亿美元的价格将卡内基钢铁公司卖给金融大王摩根。然后,他就开始实施他的把财富奉献给社会的伟大计划,并将几乎全部的财富捐献给慈善事业。

因为他悟到了并讲了一句很出名的话:"一个有钱人如果到死还是很有钱,那就是一件可耻的事情。"

为什么不把财富留给自己的子孙,他说:"不要以为富家的子弟,得到了好的命运。大多数的纨绔子弟,做了财富的奴隶,他们不能抵制任何的诱惑,以至陷于堕落的境地。要知道,享乐惯了的孩子,决不是那些出身贫贱的孩子的对手。"

对于财富,他说:"人生必须有目标,而赚钱是最坏的目标。没有一种偶像崇拜比崇拜财富更坏的了。""对金钱执迷的人是品格卑贱的人。"

为了鼓励更多人向他一样把财富回归社会,他写成了《财富的福音》一书,19世纪英国最伟大的政治家、时任首相的格莱斯顿先生读完后高度赞赏,亲自写信给《北美评论》进行推荐。这本书也深深地影响了巴菲特和比尔·盖茨,他们经常阅读这本书,盖茨也以卡内基的警句"拥巨富而死者耻辱"自勉。克林顿也曾称做慈善的人为"卡内基的孩子们"。100多年来这本书在西方一版再版,深受企业家、公益家和社会大众的好评和推崇。

卡内基生前捐赠款额之巨大,足以与死后设立诺贝尔奖金的瑞典科学家、实业家诺贝尔相媲美,他的慈善理念对美国社会影响之深,可以说是开历史之先河,之后的很多富翁都纷纷效仿。他也由此成为美国人心目中的英雄和个人奋斗的楷模。

3. 分享财富,幸福才能升华

我如今就有一个体会,如若把财富给别人分享,自己就会得许多倍的幸福。例如我们在四川汶川地震灾后的第一个春节去灾区发红包,例如我提供给母校的学生们助学金,挑一些优秀的穷困孩子,让他们寒暑假出国旅游。还譬如我们在四川农村建"感恩堂义诊所",为老乡们免费看病、抓药,我还为义诊所配备了一辆急救车。还有许多事情,我们给打工子弟学校的孩子们送书包和文具、捐建希望小学、为西部捐献平安校车、为留守儿童请保姆、为非洲的失学儿童捐学校,等等。

我做这些事情是完全无私的吗?也不是,如若说有自私的成分的话,那就是这样做能让我更加幸福,让我的家人和朋友们也都更加幸福。

我再给大家讲个例子,每年大年初一早上,我都会给遇到的工人发红包,这个习惯我已经坚持了好几年了。年初一我起得特别早,我就拿一叠装了钱的小红包,在我们小区走一圈,到公路上走一走。遇到了值班的保安,见到扫雪的市民、环卫工人等等,我也不认识他们是谁,反正觉得新年见到的人都是有缘人,所以见到谁就给他们递个红包,给他们说一声过年好。

我是在想,我们都是人,都在过年,我们一家人团圆,吃年饭,看春晚,而我们小区的保安却在为了我们的安全值班,环卫工人却在为我们扫雪、淘粪,他们是最值得尊敬的人,其实,看到他们收到红包幸福的样子,我也感到很幸福。

4. 厚德载物,回报是福

我经常看到很多企业家办公室里挂着一幅字"厚德载物",但当我问到他们这个词什么意思时,很少有人能准确诠释。

当然"厚德载物"有很多层的意思,我最近有一个新的解释,厚德载物是说什么呢?这个"德"就是你摔下来之后的垫子,德越厚,这个垫子也就更厚更软。如果没有积德,你摔下来就是硬石板,你可能就粉身碎骨了。如果你积了很多德,当你摔下来时,你就被托住了,最后毫发无伤,还有可能再被弹起来,而且这个垫子垫得越厚,你会被弹起来得更高。

例如说史玉柱的故事就非常典型。他当时那么惨,欠下数亿债务,按照有关法律,他只要申请破产,就可以赖掉这笔账。但他却承诺每一笔债都要还,并因此在2001年还获得了CCTV经济年度人物。这种诚信的态度就是一种德。最后他的事业又再次取得了更大的辉煌。

有才穷不久,无德富不长。如若拥有了财富,却没有德,也必然不能长久。孔子说过三种危险:"德薄而位尊,智小而谋大,力小而任重。"首先就是说的一个德,没有德也必然托不住你现在拥有的"福",所以要想获得长久的幸福,就要让自己积累更多的德。

我再讲一则故事,说明做善事,回报社会,反过来就会在你身上有更大的福报。

美国石油大王洛克菲勒出身贫寒,在他创业初期人们都夸他是个好青年。当黄金像火山流出岩浆似的流进他的口袋里时,他变得贪婪、冷酷。身受其害的宾夕法尼亚州油田的居民对他深恶痛绝。

有的受害者做了他的木偶像,将木偶像处以绞指之刑或乱针扎死;无数充满憎恶和诅咒的威胁信涌进他的办公室;连他的兄弟也十分讨厌他,他的兄弟特意将自己儿子的遗骨从洛克菲勒家族的墓地迁到其他地方。

由于洛克菲勒为金钱操劳过度 51 岁时身体变得极度糟糕。医师们终于向他宣告一个可怕的事实,以他身体的现状,他只能活到 50 多岁。

医师们建议他必须改变拼命赚钱的生活状态,他必须在金钱、烦恼、生命三者中选择其一。这时,离死不远的他才开始醒悟,是贪婪的魔鬼控制了他的身心。他听从了医师的劝告,退休回家,开始学打高尔夫球,上剧院去看喜剧,还常常跟邻居闲聊。经过一段时间的反省他开始考虑如何将庞大的财富捐给别人。

于是他在 1901 年设立洛克菲勒医药研究所,1903 年成立了教育普及会,1913 年设立了洛克菲勒基金会,1918 年成立了洛克菲勒夫人纪念基金会。

他后半生不再做钱财的奴隶,喜爱滑冰、骑自行车与打高尔夫球。到 90 岁他依旧身心健康耳聪目明,日子过得很愉快。他逝世于 1937 年,享年 98 岁。他死时只剩下一张标准石油公司的股票,而其他的产业都在生前捐掉或分赠给继承者了。

"送人玫瑰,手留余香",被人需要,被人感激所带来的感受也必然是一种更高的幸福体验,所以我说回报社会,可以让幸福升华。

以上就是我所讲的幸福老板的"五项修炼"。这五项内容不一定同时修炼,也可以一步步来,第一步就是首先让自己慢下来,关注一下自己的身体,自己的内心,让生命回归幸福的真谛。第二步是建设幸福企业,让自己的员工也幸福,从而让你的幸福保值。第三步是通过放手、外包和集中等手段,把自己从忙碌中解放出来,把时间还给自己,让生命自己做主。第四步就是让更多的人因你而幸福,让你得到更高层次的幸福体验,让幸福升华。第五步是关爱你自己的家人,建设幸福家庭,承担责任,让幸福生根。

企业家们如果走好这五步,就一定可以成为一位幸福的老板。

第三章

幸福员工五项修炼

美国著名作家梭罗说:"每个人都是自己幸福的工匠。"幸福要依靠自己去创造和感知,许多时候,决定人们是否幸福的并不一定是实际上发生了什么,而是人们对所发生的事情在情绪上做出何种解释。譬如说,同样的半杯水,有人看了会非常难过地说:唉,这个杯子里只有半杯水了;而另外一个人则高兴地说:太好了,杯子里还有半杯水呢!

前文中我论述了企业怎样为员工谋幸福,老板如何让自己幸福,接下来我想探讨员工应该怎样让自己幸福。对于员工的幸福,企业和老板是外因,员工自身的努力和把握是内因。正所谓"幸福在自己手中",外因只有通过内因才能起作用,因此员工能否幸福的关键还在于员工自身的努力。

员工该如何修炼自己的幸福呢?我也总结了五项修炼。

修炼一　心态积极——幸福在灿烂的微笑里

幸福在哪里?我说幸福在灿烂的微笑里。一个良好的心态是员工幸福修炼的第一步。

小时候,幸福是什么?可能就是一样东西,一个玩具或是一个泡泡糖,得到了就幸福;长大后,幸福是什么?幸福成了一个个目标,考个好大学,找个好工作,有个美满的家庭等等,目标实现了就幸福。但是当我们真正成熟的时候,幸福又是什么呢?我们会慢慢发现,幸福原来只需要一种心态,拥有了幸福的心态,自然就拥有了幸福。

1. 积极的人像太阳,照到哪里哪里亮

一个老妈妈有两个女儿,大女儿卖伞,小女儿卖扇子,她一年到头都面带愁容,为什么呢?天晴时,老妈妈就为大女儿担忧,担心雨伞卖不出去;雨天时,老妈妈就为小女儿忧虑,担心扇子卖不出去。后来一个高人给她指点说:你反过来想,晴天的时候小女儿扇子卖得好,雨天的时候大女儿伞卖得好,应该天天高兴才是啊。听了这番话,老妈妈一下子醒悟了。

其实对于所有人都是如此,一个人是否幸福,就在于他的心态,心态积极的人即使身处逆境也能体会到幸福,而心态消极的人,即使幸福就在当下也可能视而不见。所以,想要幸福,就要多用积极的心态去看待事物,要多用积极的思维想问题。对于幸福而言,保持积极阳光的心态比什么都重要。

对于员工来说,工作中也要保持积极阳光的心态,因为积极的心态带来的是良好的回报。心态积极,就像对着山谷喊一声"我爱你",回音自然是"我爱你",这是一种好的互动;心态消极,则好比是向着山谷喊一声"我恨你",回音就是"我恨你",这是一种恶性的互动。

当接到领导安排的额外任务之时,心态积极的员工会想:这是一个锻炼能力的机会,领导给我安排任务是对我的信任,一定要把事情做好,然后哼着歌就把工作做完了。心态消极的员工会想:领导就知道欺负我,赶紧应付过去拉倒,然后满腹牢骚,敷衍了事。

哪种员工更容易得到晋升的机会?结果不言而喻。

我们天九幸福集团有个典型的案例。有一位员工,十几年前刚入职时,她只是个小小的助理。而公司经常安排她做一些分外的工作,比如组织一场活动,主持一个晚会。不管是什么工作,她总是愉快地去做。也正是因为这些额外的工作使她的潜力得到充分地挖掘,能力得到巨大地提升。到目前为止,她多次与央视著名主持人共同主持节目,与众多国家的元首交流。她的才华很快得到集团的肯定,并晋升为集团联席总裁,并且她现在还是致公党中央海外联络委员会委员。社会地位不断提高的同时,她也获取了财富,实现了个人价值。

面对工作,如果你觉得没能力完成,困难无法克服,通常不会有好的结果;如果你充满信心,不怕艰难,哪怕困难重重也常常能创造奇迹。

当然,每位员工在成长的过程中都会面临很多挫折,遇到很多不如意。比如身体的疾病,家境的困顿,恋爱的失败等等。但是,人生就像心电图,想要一帆风顺,除非你已经死了。人生如潮水,涨涨落落,挫折是弱者的包袱,却是强者的财富。如果你笑对挫折,相信挫折会很快成为你的福分。

因此说,一个人能不能如愿以偿,能不能获取幸福,拥有积极阳光的心态是非常重要的。更重要的是,心态积极的人就像太阳,他所散发出的光和热,也会温暖和照亮周围的人;而心态消极的人则像月亮,初一十五不一样,变化无常,周围的人也会很难受。

2. 感恩是德,吃亏是福

我们要做到心态积极,特别重要的一点就是要常怀感恩之心,即使吃亏了,也要怀一颗感恩之心。有句老话说得好,感恩是德,吃亏是福。

很多时候,幸福就来自于我们的感恩。怀有一颗感恩之心,你就会觉得世界的一切都是非常美好的,所有人都对自己很好,哪怕是对于那些曾经伤害过自己的人,你也可以认为他的行为帮助了自己成长,历练了自己的心智。幸福,需要一颗感恩之心去滋养。

南非国父曼德拉曾因政治迫害遭受了长达27年的牢狱之灾。后来,曼德拉消除种族歧视的斗争取得成功,并于1994年当选为总统。在总统就职典礼上,年迈的曼德拉缓缓站起身来,恭敬地向三个曾经关押他的看守致敬,这一举动使现场所有的来宾都静了下来。曼德拉解释道,对于他们,自己并没有怨恨,相反,自己感恩于这一段艰苦的岁月,因为这段牢狱岁月使自己学会了如何处理痛苦,如何控制情绪。生命给予自己的不仅仅是爱,更多的是挑战,是对自己的一个又一个考验。如果自己记恨或报复他们,自己的身体出了监狱,心也还在监狱里。

在一路前行的平坦大道上,你要感恩,感恩生命带给你美好的旅途;在举步维艰的崎岖山路上,你也要感恩,感恩生命给予你非同寻常的体验。感恩你所拥有的一切,你就会永远拥有一个积极阳光的心态,永远拥有迷人的灿烂微笑。

常怀感恩之心,在用感恩的心态去回报社会、回报那些曾经帮助过你的人的过程中,我们也能更加真切地体验到自己的幸福。在我的人生旅途中,对此深有体会。

在大学刚入学时,因为家里太穷,我买不起被子,走的时候只从家里拿了一床用了许多年的棉垫子。夏秋还易过,可冬天就比较麻烦了。我只好把棉垫子一半垫在下面,一半盖在上面,蜷缩起来睡觉。不过,当时的我并没有因此而觉得痛苦,因为能够上大学我已经很高兴,很幸福了,这点痛苦与这种幸福比起来是微不足道的。然而,当我的班主任文老师知道这件事情之后,很快就给我送来一床全新的棉被。当我盖上被子时,心中感觉特别幸福,当时我就暗暗地告诉自己,等将来自己有能力了,一定要回报母校,同时帮助那些贫困的大学生。

在步入了社会,事业得到了发展之后,我很快就与母校绵阳师范学院取得联系,建立了俊卿助学基金,专门帮助那些贫困大学生。到目前为止,俊卿助学基金已经捐献了150多万元。我也奖励那些优秀大学生,每年寒暑假各奖励十名学生出国旅游,让他们去开阔眼界。其实,那些受到资助的同学我绝大部分都没有见过,当我想到我的这些努力能够对他们有所帮助,对母校发展有所帮助之时,我就感到特别的幸福。

因此说,懂得感恩的人更容易感知到幸福。感恩那些帮助过你的人,将会有更多人来帮助你;感恩生活,生活将会带给你更多灿烂的阳光。

员工也应该怀有感恩之心。工作中,要感恩客户。如果客户向你寻求帮助,找你解决问题,甚至对你的工作提出质疑之时,不要心烦,也不要认为客户是在给自己增添麻烦。相反,你应该时刻感恩客户,客户的这些行为其实是在帮助自己提高服务水平。

天九幸福集团作为世界杰出华商协会的战略合作伙伴,一开始就把自己定位为杰出华商的"贴心公仆",我们有三大任务,第一是服务,第二是服务,第三还是服务。对于我们的客户,我们要求员工要永怀感恩之心去服务,用"心"去服务,把客户当成自己的亲人去服务,只有这样我们才能让客户认可我们,才能让我们的事业发扬光大。

同时,在工作中,员工应该感恩公司,是公司为你提供了工作的平台,提供了增长能力和经验的机会。员工还应该感恩工作团队中的每个人,是他们与你并肩而战,共同成长。感恩是一种激励,是激励别人对你更好。

感恩是一种无法替代的美德,当你感恩时,将会为你赢来更好的人际关系,为你赢来更多的升职机会,为你赢得客户的信赖。人生的机遇和幸福,很多时候与感恩之心结伴而行。

3. 幸福,不在于得到的多,而在于计较的少

其实,积极心态的一个非常重要的体现就是多珍惜,少计较,这也是我们是否能感知幸福的关键。

很多人会哀叹这个世界不公平,但是,我们要明白一个道理:除了死亡,这个世界上没有绝对的公平,所有的公平都是相对的。要知道,真正的原因并非这个世界不公平,而是你自己还不够强大。

有很多人很爱后悔,比如一个项目赚了一百万,他还在那儿捶胸顿足,抱怨若不是因为某个因素的话,肯定能赚一千万。人心不足蛇吞象,欲望太多会徒增烦恼,其实赚了一百万也应该庆祝,应该高兴。因此我说:幸福不在于得到的多,而在于计较的少。

要少计较,就应该珍惜当下的幸福。其实幸福不在明天,也不在昨天,而是在今天,在此时,在此刻,在此地,在此人。把握当下的幸福,才是

真实的幸福。

其实在我们的人生中有非常多的幸福值得我们好好珍惜,然而,我们常常会忽略这些眼前我们能把握的幸福。

比如交通。在我小的时候,农村交通特别落后,为了给妹妹办转学手续,我走了180里路才赶到学校。180里是什么概念哪?还没走到一半,脚就开始疼得厉害,到后来脚痛得没法站地。尽管如此,我还是得走,而且要赶快走,因为一旦走得慢就有可能办不成转学,妹妹就有可能上不了学。再看看现在的交通,出门就有车,可以坐汽车、地铁,离得远了,还可坐火车,坐高铁,若是出国还能坐飞机。每当想到这些,我就会油然而生幸福感。然而,现在抱怨交通的人却越来越多。

其实我们每个人都拥有许多幸福,只是很多时候你自己没有感觉到,感觉不到幸福,自然就不会懂得珍惜。

作为员工,当你抱怨工作辛苦之时,想想还有很多没有工作的人;当你抱怨早上公车拥挤之时,想想还有很多没有挤上车的人;当你抱怨食堂饭菜不可口之时,想想还有许多吃不上饭的人;当你抱怨走路太累之时,想想那些没有腿的人。如若你把工作当成乐趣,把压力变成动力,这一切都会变得迎刃而解!心态最重要!心态一转天地宽,放开心胸,放开心情。高兴是一天,不高兴也是一天,我们没有必要用不好的心情来惩罚自己。珍惜你现在拥有的一切,而不是去计较你没有的世界,那么每一天的生活都将会是美好的。

英国作家萨克雷说:"生活就是一面镜子,你笑,它也笑;你哭,它也哭。"如果你有的是幸福的积极心态,幸福就会离你越来越近,并会最终笼罩着你;如若你有的是悲伤的消极心态,只知一味地怨天尤人,你将会失去更多,幸福也会离你越来越远。所以,幸福修炼的第一步就是修炼积极的幸福心态。

修炼二　为爱而活——幸福在有爱的生活中

爱,是人们奋斗的第一大动力,也是人们幸福的第一大源泉。爱自己,爱家人,爱朋友,爱集体,爱国家,爱社会,这些,是我们幸福的根本来源,离开了这些爱人生将失去意义。

1. 播种爱,收获爱

日本著名企业家稻盛和夫所著的《敬天爱人》是一本特别好的企业管理著作。稻盛和夫的"敬天爱人"思想取自他最尊敬的一位日本先达——西乡隆盛的座右铭,同时,也是他所创办的京都陶瓷株式会社的社训。在我看来,"敬天爱人"既是企业的经营哲学,也是我们普通人的为人处世之道。"敬天",就是按事物的本性做事,这里的"天"是指客观规律,也就是事物的本性。稻盛和夫坚持将正确的事情以正确的方式执行到底。"爱人",就是以仁慈之心关爱众人。正所谓,爱人者人恒爱之,要想生活在充满爱的世界里,我们首先应该心中有爱,爱己及人。

关于"爱人",稻盛和夫先生为我们指明了方向,就是"自利利他"。在稻盛和夫的哲学中,自利是人的本性,没有自利,人就失去了生存的基础。但是,人只有自利不行,还一定要利他,没有利他,人生和事业就会失去平衡并最终导致失败。简单来讲,就是自利则生,利他则久。

有个小故事讲得很好:

从前,有两个人在独木桥上相遇,由于桥身很窄,只能让一个人通过,两人都希望对方能主动让路。

其中一人说:"我有急事,你让我先过。"

另一人也说:"我的事情更着急,你让我先过。"

双方僵持不下互不相让,只好虎视眈眈地互相对视。

这时,来了一个小孩说:"你们谁也不让谁,不如就同时侧身过桥吧!"

两人一想也对,就侧着身子,脸贴着脸地过桥。

这时,其中一人暗自推了对方一把,对方一挣扎便抓住了他,结果两个人一起掉进了水里。

这就是只知自利不知利他的后果。其实,稻盛和夫先生的"爱人"与"自利利他"的思想,与我国古代墨家的"兼相爱交相利"非常相似。"兼相爱交相利"是墨子的核心思想。墨子认为:爱是相互的,利也是相互的,爱与利的关系是对立的统一,是相辅相成、互为依存、互为条件的辩证关系。其"兼相爱交相利"思想之实质,是一种柔性管理,它通过人们之间互动的相爱来改善人际关系,消除破坏性冲突,创造良好的社会环境,使众人既能自爱又能爱人,从而使每个人的利益都能得到满足,这符合人自然性的需要,又符合社会道德法律规范。

所有的人都想生活在一个充满爱的世界里。可怎样做到呢?我想有六个字可以给出答案:播种爱,收获爱。

不关爱别人,自己也难有好结果,不爱人就等于不爱自己,只有关心你身边的每一个人,你才能得到更多的爱。

马斯洛说:"爱自己身边的人并不是一种超越人的现象,而是人所原有的和自然散发而出的某种东西。"当你真心实意地关心别人时,别人也同样会关心你;当你默默地帮助别人时,别人的帮助也悄悄地来到你身边。

一个充满爱意的温馨世界,能支撑起人类生命的发展和延续,在互帮互助中、在爱的奉献中,我们能感知真正的幸福。

"播种爱,收获爱"就是我们得到爱的根本途径。亲情如是,爱情如是,友情亦如是。爱是什么,爱是付出,是报答,是感恩。只有多付出,多报答,多感恩,你才能感到安慰,感受快乐,感知幸福。同时,你帮助和爱过的人,在得到你的爱之后也会感知幸福。每一位员工在工作生活中也应秉承"播种爱,收获爱"的理念,爱自己的父母,爱自己的妻儿,爱自己的同事,爱自己的朋友……坚持如此,就一定能够让自己的世界充满爱,充满幸福。

2. 因为爱,所以爱

2007年,谢霆锋的一首《因为爱所以爱》红遍大江南北,此后,这首歌也成为他的经典歌曲之一。我想,这首歌之所以能成为经典,是因为歌词唱出了爱的最高境界——因为我爱你,所以我爱你,爱你不需理由。即使你不爱我,我仍然爱你。这就是大爱!

我的世界杰出华商协会的品牌口号是:世界一起幸福我们也努力践行着这一大爱精神。我们为非洲捐建希望小学,在坦桑尼亚、肯尼亚、布隆迪、卢旺达四国捐建的22所希望小学已经竣工,在纳来比亚、赞比亚等国捐建的希望小学已经启动。这些国家与我们并无商务合作,我们的慈善是没有回报的,我捐了一个亿,也没有任何回报。但是,我们却乐此不疲,深感幸福。因为我们彰显了中华民族的大爱精神,我们感受到了一个当代中国人的自豪!

我们为我的老家,小平故里捐建感恩堂义诊室,为农村留守老人儿童提供免费医疗,没有任何回报;我们为四川通江县、宁夏吴忠市、陕西西安市的学校捐赠平安校车,没有任何回报;我们到四川地震灾区过年,慰问受灾群众,捐款捐物6000多万元,没有任何回报;我为母校绵阳师范学院捐建助学基金,没有任何回报;我们为柬埔寨的艾滋病人、残疾儿童捐献100多吨大米,也没有任何回报……但是,我们却始终无怨无悔,乐此不疲,深感幸福。因为我们失去的是物质财富,得到的是精神享受;因为,施比受更幸福!大道无私!一个人道德水平的高低取决于利他的程度。利他的程度越高,道德水平越高。反之,自私的程度越高,道德水平越低。

3. 让家庭充满爱

在我们的生命中,家庭是幸福的港湾,是工作动力的加油站。

中华民族历来就是一个十分重视孝道的民族,汉朝时就有推举"孝廉"的制度,甚至许多君王认为孝子必是忠臣。在古代的启蒙读物《弟子规》的第一章便是"入则孝"。可见"孝"在国人心目中的地位。

随着时代的发展,我们现在已经不用"晨则省,昏则定",然而,我们陪在父母亲人身边的时间越来越少却是一个不争的事实。好像我们总是有各种理由来忽略自己的家庭,比如工作总是"忙"等。有句古话现在读来真的很痛心:树欲静而风不止,子欲养而亲不待。我们为了家庭去忙,忙来忙去,却把家庭忙没了。不仅是父母,我们很多人对妻儿,对亲人的关爱也明显有各种不足。

其实我们对家庭关系的处理可以完全不是这个样子。在这一点上，北欧人的态度和方式值得推崇。近几年来，世界各国推出的幸福指数、幸福值排行中，北欧五国无不高居前列，中国则在三四十位徘徊。我们主要是在哪些方面输给了北欧人呢？从生活中的时间分配我们就可以看出端倪，中国人的人生总是围绕着房子、车子和票子等运转，而北欧男人的生活主要是被孩子、妻子和园子充满着。可想而知，两者谁的家庭会更和谐幸福。

我们的社会环境也许不能满足我们下班后去划船、攀岩、野炊，但是我们应该学习他们对待家庭的态度。瑞典人认为，最好的时光就是孩子们在睡觉之前爬上膝盖，向自己要一个拥抱。而我们心目中最好的时光是什么呢？也许不用加班的日子就是最好的时光吧。

我们天九幸福集团非常重视员工的家庭幸福，主张孝道是第一位的。在集团的理念中，对父母不孝的员工绝对不能重用。我坚信，一个人对父母不孝，一定会对兄弟无情，对朋友无义，对事业不忠。为了帮助员工多尽孝道，集团还会为优秀员工的父母发放孝心红包，以此敦促员工多关爱父母。

在集团的理念中，员工拥有一个温暖的家庭是努力工作的坚强后盾。为了促进员工构建美满家庭，集团采取多种措施关爱员工家属，关心员工家庭，譬如设置贤内助奖，赞助员工子女的教育费用等。这些措施对于帮助员工实现家庭美满都有重要的帮助。

歌德有句名言：无论是国王还是农夫，家庭和睦是最幸福的。员工要修炼幸福，就应该让自己的家庭充满爱。

修炼三　享受工作——幸福在辛勤的汗水里

对于员工来说,工作占据了生命中的大部分时间。如果我们在工作岗位上得不到快乐,那么我们的人生只能是暗淡无光、毫无生机;假若工作没有价值与意义,我们的人生幸福就无从谈起。因此,员工要修炼幸福,就应让自己享受工作、快乐工作。员工应怎样才能做到享受工作呢?我谈谈这些年自己在企业管理实践中的感悟和体会。

1. 相信天才出自勤奋

在很多人眼里,科比·布莱恩特是一个篮球天才,但当记者问到科比为什么能那样成功时,科比反问记者:"你知道洛杉矶早晨四点的样子吗?"记者摇头,科比说道:"我知道,因为凌晨4点大家都在睡梦中的时候,我已经在球馆训练了。"

科比凌晨四点打球训练的故事让人叹服不已。一名叫罗伯特·阿勒特的美国训练师出版了一本《我和科比的训练故事》,让更多人认识了真正的他——一个靠勤奋获得天才般成功的科比。

书中讲到,美国队备战2012年奥运会的一个晚上,罗伯特正躺在床上看一本书。半睡半醒之间,忽然手机响了。电话一接通科比就说:"罗伯特,希望没有打扰你,我想知道,你是否能帮我做点体能训练。"罗伯特看了一下时间,当时是凌晨4点15分,尽管他正准备睡觉,但还是硬着头皮说:"当然,一会训练场见!"罗伯特到达训练馆时,科比汗流浃背,显然早已进入训练状态。然后,在罗伯特的指导下,科比又进行了两个小时的体能和力量训练。此时已经是早晨 7 点钟,疲惫不堪的罗伯特决定回酒店休息,而科比却继续单独进行投篮练习。科比的投篮练习不是简单投几个,而是投中 800 个才罢休。当罗伯特睡了一觉,中午 11 点再次赶到训练馆的时候,科比才刚刚结束他的投篮练习。

员工在工作中也是一样,只有愿意多付出一些,才能收获比别人多一些的成功。在以前的工业时代,一个人听命行事的能力相当重要,而现在,个人做事的主动性更加受到重视。

日本有一名作家叫山口瞳,他曾经在三得利株式会工作。当时他工作非常主动,总是提前出勤,经常碰到他去上班时,门卫未起、大门未开的状况。当同事们擦着惺忪的双眼匆匆赶来上班时,他早已开始工作了,只有他自己知道提前出勤的效果究竟有多大。尽管有不少同事对他的这种行为心怀嫉妒和不满,认为他是过分表现自己,但在山口瞳的工作业绩面前,也不得不心服口服地说:"这家伙真能干啊!"最重要的是,由于山口瞳工作积极热情,上级几次给予了他升职加薪的机会。

世间自有公道,付出终有回报。员工在工作中主动去付出,比如上班早到一会,做事多做一点,不把工作当做负担,而是视之为锻炼自己能力的机会,就一定能收获自己想要、甚至超出自己期望的成功。

我发现成功之要在于"志舍"二字,即胸怀大志,舍得付出。为此,我在四川老家的门上题了一副对联:大志大成小志小成无志不成;大舍大得小舍小得无舍不得。横批:志舍居。

2. 把工作当旅行

我调查过很多成功人士,问他们最大的快乐是什么,大家的回答几乎一样，就是工作的成就感。所谓成就感，指的是人在做完一件事情之后所感受到的愉悦、满意的感觉。从心理学的角度看，工作的成就感就是自我价值的实现，在人本主义心理学大师马斯洛的需求层次理论中，这是人最高层次的需求。所以，我建议所有的员工都要学会去享受自己工作的成就感，学会快乐地工作，在工作中获得快乐。

现实中，很多员工觉得自己的工作不重要，每天不过是简单的重复，工作唯一的目的和意义就是赚取薪水，因此很难寻找到成就感。甚至有的员工对工作非常厌倦，将上班的心情形容为"比上坟还要沉重"。其实，工作没有高低贵贱，哪怕是一个再平凡不过的行政工作，也有其价值。

实际上，越是在工作中找不到成就感的员工，在未来的工作中越是很难取得什么成就，形成恶性循环。因为成就感作为一种积极的情绪体验，对于员工树立信心、发挥更大潜能都有着不可低估的作用。我们很难想象，一个对工作毫无热情的人会全身心投入工作，会取得好的成绩。

一个人要想在工作中获得成就感，首先要以负责任的态度，把工作当做自己的事业去对待。这样一来，你就能认可你工作的价值，而不是将其当做一件不得不应付的苦差事，同时，你也会付出更多的努力和热情去完成工作。在这样一种心态下去工作，工作还会做得不出色吗？工作热情越高，工作完成得越好，成就感越大，进一步就会形成一个良性循环，以更大的热情去创造和收获更大的工作成就感。

成就感还和挑战性有很大相关。如果做的是自己非常熟练，甚至不需要动脑筋就可以做好的工作，员工很容易产生单调、厌烦的情绪，如果是这样，可以尝试提高自己的工作难度。比如你是一名销售人员，在常规的销售方法之外,你可以去策划和尝试新的方法,或者去挑战更高端的客户。

快乐工作,把工作当做自己最想做的事情,最后受益的不只是自己,还有周围的人,因为快乐工作的精神是会传染的。快乐工作的人身上会散发出热情、活力和一种不断进取的精神,在此影响下,周围的人也会加入快乐工作的阵营,而如此一来,整个工作团队的风貌和效率都会焕然一新。

根据我的体验,最佳的心态是把工作当旅行。一趟旅行很累,而且还要花钱,但是我们很快乐;一段工作也很累,可以得到薪酬,为什么有的人却感到不快乐呢?这完全是个心态问题。只有把工作当旅行的人才会快乐,也才会成功。

3. 日清日省,日新日高

你有工作拖延症吗?做事情总爱拖拖拉拉,觉得反正今天做不完,不如明天再做,结果明日复明日,新旧工作混在一起,每一天都处在"未完成"的状态中。如果有领导还在屁股后面催,那就更糟了。试问,在这样一种状态下,怎能享受到工作的成就感?总是抱怨时间不够用,其实时间都在上网和发呆中消耗掉了。

自我价值的实现是人的最高需求,那么,成就感作为人感知自我价值的一种方式,算得上是最高幸福了。员工要想享受这份幸福,应该做到八个字:日清日省,日新日高。日清,每天完成当天应该完成的工作;日省,每天检讨当天工作中的得失,思考该怎样做得更好,最好通过工作日记进行总结;日新,每天接受新的信息,学习新知识,取得新成就;日高,每天进步一点点,今天比昨天做得更好。

世界管理大师彼得·德鲁克于1954年在其名著《管理实践》中最先提出了"目标管理"的概念。他指出,目标管理是一种程序或过程,它使组织中的上级和下级一起协商,根据组织的使命确定一定时期内组织的总目标,由此决定上、下级的责任和分目标,并把这些目标作为组织经营、评估和鼓励每个单位和个人贡献的标准。

目标的实现可以让员工感受到自我价值的实现,由此产生工作的成就感。当然,目标管理要真正地在促使员工快乐工作中产生良好的效果,有一个非常关键的步骤,那就是细分目标。细分目标,让员工每月、每周、每天都有目标,每天都能从完成目标的过程中获得成就感,感受到工作的快乐。

我们天九幸福集团创建并实施的"三清管理",可以说是当今企业界最先进的绩效管理系统,而且适合于所有企业。"三清管理"的核心要点是"日清日高,周清周高,月清月高",能让员工每天、每周、每月享受的工作的成就感,每天都将幸福指数提高一点点。"三清管理"的实施,可以让企业在不增加任何投入的情况下,效率提高30%以上,而且让企业的管理变得十分简单,让员工的幸福感与日俱增。

修炼四　怀揣梦想——幸福在希望的田野上

阿里巴巴集团董事局主席马云说过,无论我们多么渺小、无论我们遇到多少困难,只要我们坚持梦想,就会有起跑的力量、腾飞的力量,这是梦想的力量。我对此很是赞同,人因梦想而伟大,因没有梦想而渺小。凡是有梦想的地方就有希望,有希望的地方痛苦也成欢乐,希望就是让幸福自由驰骋的田野。

1. 人因梦想而伟大,因没有梦想而渺小

在我们天九幸福集团,我经常对员工们说:一个人必须要怀揣梦想,因为人因梦想而伟大,因没有梦想而渺小。人生短暂,我们追求梦想,就是一个不断提高自己,一个去实现人生价值的过程。两次获得奥斯卡最佳导演奖的李安追梦圆梦的故事就是最好的代表。

> 1978年,李安不顾父亲的反对报考了美国伊利诺伊大学的戏剧电影系。他与父亲的关系因此恶化,然而戏剧电影是自己的梦想,他并不后悔自己的选择。不过大学毕业之后,李安开始明白了父亲当初的担忧。
>
> 在美国电影界,一个没有任何背景的华人要想混出名堂来,谈何容易!从1983年起,经过了六年多的漫长而无望的等待,李安大多数时间都是帮助剧组看看器材、做点剪辑助理、剧务之类的杂事。最痛苦的经历是,曾经拿着一个剧本,两个星期跑了三十多家公司,一次次面对别人的白眼和拒绝。直到30岁,他仍然没有获得一份稳定的工作。和在研究室做药物研究员的妻子相比,自己的薪水更是少得可怜。为了缓解内心的愧疚和生活的压力,李安每天除了在家里读书、看电影、写剧本外,还包揽了所有家务,负责买菜做饭带孩子,将家里收拾得干干净净。
>
> 这样的生活对一个男人来说,是很伤自尊心的。在现实与理想之间,他曾经犹豫过,甚至报了一门电脑课,想学个一技之

长。细心的妻子发现了他的异常。一天晚上，妻子突然对李安说："安，要记得你心里的梦想！"

就是这一句话，彻底改变了李安。他拿出藏好的电脑课程表，慢慢地撕成碎片，丢进了门口的垃圾筒。后来，经过自己的不懈努力，李安的剧本开始得到基金会的赞助，一些电影开始在国际上获奖。这个时候，李安的妻子重提旧事，对他说："我一直就相信，人只要有一项长处就足够了，你的长处就是拍电影。学电脑的人那么多，又不差你李安一个！你要想拿到奥斯卡的小金人，就一定要保证心里有梦想。"这个经典的美国梦对于年轻的李安来讲，也许非常遥远，但现在它已经变成了现实。

人生其实就是一个做梦追梦圆梦的过程，做梦是1%，追梦是99%，圆梦是意义收获。即使最终梦想不能实现，我们也需要一个梦想。因为有了梦想的牵引，我们才会更加努力，也才能创造出一个更加精彩的人生。

2. 有希望的地方，地狱也成天堂

苏格拉底曾经说过，世界上最快乐的事莫过于为梦而奋斗。想必也正是因为有着这样的信念，苏格拉底才能那样平静、淡然地走向地狱之门。

作为古希腊最伟大的哲学家，同时也是西方哲学的奠基者，苏格拉底被雅典法庭以貌视传统宗教、引进新神、败坏青年和反对民主等罪名被判处死刑。据称，苏格拉底是有出逃机会的，但他拒绝了朋友和学生们的好意。他还可以选择向法庭妥协来洗脱罪名，以求不死，但他坚决否弃了这种做法。

公元前399年6月的一个傍晚,当一杯毒酒送到苏格拉底的面前时,尽管周围的朋友泣不成声,他却不动声色,将酒杯举到胸前,平静地说:"分手的时候到了,我将死,他们活下来,是谁的选择好,只有天知道。"随后就把毒酒一饮而尽。

死刑,狱中,毒酒,身处此情此景,显然已经是站在地狱的门口了,换一般人,内心该是何等的焦虑,甚至恐惧。有的犯人听说自己就要被处决,还千方百计地拖延时间,比如央求美餐一顿。然而苏格拉底,却以一种平静、神圣的心态来迎接死亡,甚至可以说,他是以一种迎接天堂的心态走向地狱之门,究其原因,根本在于苏格拉底心中有理想,有希望,他相信哲学是最高智慧,相信自己的选择和牺牲是值得的。

心中若没有希望,即使身处天堂又能幸福吗?很多人衣食无忧,甚至拥有不错的社会地位,为什么却感觉不幸福?相反,很多人无房无车,每天早出晚归为生计奔波,却觉得很幸福,又是为什么?就是因为心中有希望,希望犹如一盏灯火,照耀着走向未来的路。只要满怀希望地去面对生活,就一定会抵达自己的曲径通幽处。当我们在工作或生活中遇到困难时,不妨把困难当做一种考验和历练,所有这些考验不过是帮助我们更快走向成功。

美国石油大王洛克菲勒曾在给儿子的信中写道:"如果你视工作为一种快乐,人生就是天堂;如果你视工作为一种义务,人生就是地狱。"当我们以一种积极的心态去面对工作的时候,工作的时光也就成为了充满希望的天堂之旅。可以说,地狱在自己的心里,天堂也在自己的心里。

‹‹‹‹ 3. 别让梦想成为空中楼阁

小时候大家的梦想一般都比较大，有人想成为科学家，有人想成为军事家，甚至有人想成为英雄。随着我们年龄的增长，我们的梦想可能会做适当的修正，毕竟我们对环境、对自己的认识都更加全面和客观了。其实这也是我们不让梦想成为空中楼阁的必要措施，让自己的梦想更加的明确和现实。

下面我想讲讲前雅芳CEO钟彬娴的故事。

1958年，中国籍女孩钟彬娴出生在加拿大东部的城市多伦多。34岁时，钟彬娴加入雅芳。不久，她与CEO吉姆曾有过一次会面。那一次，钟彬娴去他的办公室里汇报工作时，看到一块装饰板上印着四个足印：猿猴、男人的光脚、男式皮鞋和一只高跟鞋。上面还带有一个题词：这是领导权的演变！不经意间，吉姆对钟彬娴说过这样的话："我完全相信，在未来的10年，一定会有一位女性来领导雅芳！"听完CEO的这番话，钟彬娴的内心澎湃极了，她在自己的心里深深地埋下一个梦想。

仅仅一年的时间，钟彬娴就凭借着丰富的管理经验和卓越的能力成为了雅芳公司的领导核心之一。在接下来的日子里，她的职场生涯一直都是顺风顺水。

1997年，CEO吉姆打算退休了，钟彬娴和其他两个人成为了雅芳CEO的候选人。这个时候的钟彬娴已经是雅芳的COO，负责雅芳的很多事务，并被业界人士所熟知。

但是，钟彬娴最终还是与这个职位擦肩而过：另外一个名叫查尔斯·佩林的男性担任了新 CEO 的职务！董事会选择查尔斯·佩林的原因就在于：雅芳的百年历史上不曾有过一名女性 CEO！

董事会的这次决定，给了钟彬娴很大的冲击。

1999 年，雅芳遭遇了一场危机：股票一落千丈！之后不久，首席执行官查尔斯·佩林引咎辞职，雅芳陷入了生死攸关的时刻，董事会不得不物色另一个 CEO 人选。他们想到了钟彬娴。

钟彬娴得知董事会要她临危受命带动雅芳的时候，她毫无怨言，挑起了这个重担。由于之前钟彬娴在企业界声名很好，再加之她对雅芳进行的种种改革，雅芳的危机很快就化解了，并逐步走向成熟。当这场危机结束之时，钟彬娴忍不住来到前 CEO 吉姆坐过的那个办公室里。看着墙上的那四个足印，她觉得吉姆的那句话犹在耳畔，他肯定不知道，当初在听过这话之后，自己曾定下这样一个梦想：要成为雅芳百年历史上的首任女性 CEO！

拥有梦想并不难，难的是为梦想付出持之以恒的艰辛和努力！

修炼五　无私奉献——幸福在赠人的玫瑰中

有一个盲人，每天晚上他都要到楼下花园去散步。奇怪的是，他虽然只能顺着墙摸索，可是不论是上楼还是下楼，一定要按亮楼道里的灯。一天，一个邻居非常好奇地问道："你的眼睛看不见，为何还要开灯呢？"盲人回答道："开灯能给别人上下楼带来方便，也会给我带来方便。"邻居疑惑地问道:"开灯能给你带来什么方便呢?"盲人答道:"开灯后,上下楼的人都会看得清楚些,就不会把我撞倒了,这不就给我方便了吗!"邻居这才恍然大悟。

"赠人玫瑰,手有余香",这句谚语的意思是,一件很平凡微小的事情,哪怕如同赠人一枝玫瑰般微不足道,但它带来的温馨都会在赠花人和受花人的心底慢慢升腾、弥漫、覆盖。在生活中,我们都应这样。

1. 大道无私

老子在《道德经》里提出,"道可道,非常道,名可名,非常名"。老子的"道"到底是指什么,这一直是一个让人头疼的问题,并且老子在提出"道"这一概念的同时也说了,"道可道,非常道",能够直接表达出来的道就不是真正的道,道是不可言传的。但可以肯定的一点是,老子相信"大道无私",道生万物,却不主宰万物,道利万物而不争,所以道是最神圣的。

一个人道德水准的高低取决于无私的程度,越是无私,道德越高,越是自私,道德越低,圣人就是最无私的人,就是道德最高的人,也是幸福指数最高的人。

2. 施比受更幸福

很多圣贤都曾经指出,爱本质上是一种给予,而幸福就产生在这给予之中。亲子关系就是一个很好的证明,面对弱小的婴儿,父母在照料孩子长大的过程中,虽然付出很多,但却感受到最大的幸福。下面的这个故事很好地说明了问题。

在美国的得克萨斯州,有这样一条法律,规定凡年满14岁的孩子,必须为父母做些家务,比如洗碗、擦地等。迈克年满14岁之后为母亲做了很多事情,有一天晚上,迈克给妈妈写了一个账单:

迈克帮妈妈到超级市场买食品,妈妈应付5美元;

自己起床叠被,妈妈应付2美元;

迈克拖地板,妈妈应付3美元;

迈克是一个听话的好孩子,妈妈应付10美元。

以上合计:20美元。

迈克把账单放在餐桌上就上床睡觉去了,妈妈忙完之后看到这个账单,先是惊讶,转而却笑了,妈妈在账单上填上了几行字。

第二天早上,迈克看到了一个别样的账单。

妈妈含辛茹苦地将迈克怀了10个月,应付0美元;

妈妈教迈克走路,说话。迈克应付0美元;

妈妈每天为迈克做好吃的食物,迈克应付0美元;

妈妈每个周末陪迈克去儿童乐园,迈克应付0美元;

妈妈每天为迈克祈祷,希望他成为天使般可爱的小男孩,迈克应付0美元;

以上合计:0美元。

在这个故事里,迈克得到了很多却还在向妈妈索要"幸福",而妈妈付出了很多却分文不要,为什么呢?归根结底,是因为妈妈认为自己在付出的过程中已经得到了最宝贵的东西——幸福。

在我们的工作和生活中,其实也是同样的道理。我们在帮助别人,付出爱心的同时,也会得到最大的幸福。《圣经》上说,"爱就是神",丰盈的爱使人像神一样博大。

3. 为社会注入正能量

"正能量"本是物理学名词,而"正能量"的流行源于英国心理学家理查德·怀斯曼的专著《正能量》,其中将人体比作一个能量场,通过激发内在潜能,能使人表现出一个新的自我,从而更加自信、更加充满活力。"正能量"指的是一种健康乐观、积极向上的动力和情感。时下,中国人为所有积极的、健康的、催人奋进的、给人力量的、充满希望的人和事,贴上"正能量"标签。它已成为一个充满象征意义的符号,与我们的情感深深相关,表达着我们的渴望,我们的期待。

如今我们生活的社会并非尽善尽美,一直有着这样那样的问题,媒体上也总能看到各种阴暗面充斥报端。但是我们并不能因此而放弃希望,勿以恶小而为之,勿以善小而不为。事实上,我们应该多看看具有正能量的学习榜样。

我从媒体上看到这样一个真实的故事:

> 上海石化某部一名女员工是"熊猫血"(RH阴性血),有一天她获悉一名安徽小伙子在徐州打工时受伤,手术需大量RH阴性血,而当地血库告急。她在连续上了两个12个小时夜班后,孤身一人来到徐州献血救人。她的事迹被同事知道后,被称赞为"最美女工"。随即,上海石化开展了"身边的感动·寻找'最美员工'公益行动"。活动推出后,得到员工的积极响应,越

来越多"最美员工"的故事被挖掘出来,"最美员工"群体逐渐壮大,激励着该公司员工以饱满的热情投身到企业的生产经营工作,形成了一个幸福企业的良好氛围。

这就是员工向社会传递正能量的一种方式。能力有高低,爱心无大小。即使是再微小的好事、善事也都是值得我们去做的,因为我们需要这些正能量照亮别人,也温暖自己。

附录

我的幸福故事

谦卑的国王

2013年中秋节期间,应柬埔寨亲王、前副总理查克拉朋阁下邀请,我和太太、女儿、女婿赴柬度假。

这是我们首次访柬,一家人受到了王室的盛情款待。亲王和王子亲自到机场迎送,并全程陪同。西哈莫尼国王在皇宫亲切接见我们,并与我们进行了长达40分钟的亲切会谈。柬埔寨国家电视台对此作为头条新闻进行了长达5分钟的专题报道。

这次访柬,给我留下印象最深的,莫过于西哈莫尼国王。

柬埔寨王室是全世界历史最悠久的王室之一,统治柬埔寨已超过1900年(包括母系与父系统治),深受人民爱戴。对于这样一个王国的国王,我们自是充满好奇。在我们的想象中,他应该是高高在上,非常威严,难以接近,好似中国古代的皇帝。

然而,事实完全出乎我们的意料。西哈莫尼国王虽然贵为九五之尊,给我们的印象却是十分的谦卑。

9月22日上午10点,我们一家人如约而至,没想到国王已站在门口迎接我们了。他十分热情地与我们一一握手。由于柬埔寨的风俗认为左手不干净,不能用左手给人东西。所以在与国王握手时,我只敢伸出右手。没想到,国王却用两只手与我紧紧相握,我只好赶紧将左手也搭上去。国王受过西方教育,又是一个虔诚的佛教徒。从这个细节中,我发现他已经超越了凡俗,达到了随心所欲、百无禁忌的境界。

国王陛下是一个有心人,他给我们一家四口分别准备了一份精美的礼物。给我的礼物是一个柬埔寨最有代表性的礼物——锡罐,它是过去富贵人家用于装粮的器皿,象征着丰衣足食。给他们3人的是一个锡盘。我向国王回赠了一幅描绘百仙朝圣的《朝元图》,并送上一把檀香刺绣扇,让他转赠太皇太后,他非常高兴。

在与国王会谈的过程中,他总是面带微笑,目光炯炯,讲话也是温文尔雅,和风细雨,就像一位热情好客的厚道主人。

然而,国王毕竟是国王。他虽平和、亲切、谦卑,而给我们的感觉却又是那样地能量十足,气场强大,不怒而威,充满王者之气。

上善若水,大道最低。也许就是对西哈莫尼国王以及他的千年王室成功秘籍的最佳诠释。

我的结义兄弟

2008年以来,我先后与36位国家元首和政府首脑交往过。印象最深的,莫过于泰国前副总理、我的结义兄弟披尼。

〈〈〈〈 一见如故，结为兄弟

2008年8月29日，我去曼谷拜访泰国中华总商会主席刘锦庭先生。刚下飞机就接到一个喜讯：披尼副总理得知我访泰，要请我吃饭，还问我喜欢日本料理还是泰国菜。次日傍晚，披尼亲自到酒店来接我。我刚到大堂就看到一位50来岁的男士向我走来，手里提着一盒东西。我以为是披尼的秘书，没想到他就是披尼。他手里拿的是一盒送我的月饼，见面的第一句话就是祝我中秋节快乐，让我十分感动。

他在曼谷一家最好的日本餐厅招待我，作陪的是泰国警署的一位上将。因为曼谷当时正在大游行，他说上将的任务是保证我的安全。他的良苦用心让我再一次感动了。

我们喝的是日本清酒，由于心情愉快，交流畅爽，我们频频干杯，喝了很多酒。酒兴正浓时，他突然提出与我结义为兄弟，我欣然同意。他将手上戴的一只名表送给我作为纪念。我也摘下手上的表送给他，他却坚决不要。他说哥哥给弟弟礼物是必须的，弟弟无需回赠。从此，我开始叫他披尼兄。

次月，他邀我和太太再访泰国，特地邀请我们到家里做客，见了他的母亲、夫人和两个女儿。还安排我到泰国枢密院院长、前总理炳·廷素拉暖家进行了拜访，到总理府与郭萨副总理进行了会谈。

〈〈〈〈 不走绿色通道的副总理

2009年4月2日，披尼兄率97位泰国企业家来京与我们举行"泰中企业家合作对接会"，我们组织了刘永好等600多位企业家在北京人民大会堂为他们举行欢迎宴会。他的夫人和两个女儿也随团访问。我们在首都机场为他全家人和几位部长安排了绿色通道。没想到他和家人却坚持要与团员一起走,绝不搞特殊化。在人民大会堂入门安检时,我们也为他和泰国驻华大使等几位贵宾安排了免检通道,结果,他还是坚持走了普通通道,主动接受安检。至今,他像投降一样举起双手接受安检的可爱样子仍然深深地印在我的脑海里。

在到达人民大会堂门口时,他发现一位叫陈汉士的团里最年长的企业家还没有到,就坚持要等到他后一起进去。当时,风比较大,站在外面挺冷,我几次劝他先进去都无效,硬是等了10多分钟,待陈汉士到了才一同进去。

如果说我们在曼谷义结兄弟是他的热情与豪气征服了我的话,这次却是被他的平民作风和高尚的人格所折服。我由衷地庆幸我结交了一位好大哥!同时,通过披尼兄这面人镜,也让一向自信的我看到了自己的不足,找到了学习的榜样。

⫷⫷⫷⫷ 最高级别的"礼仪先生"

2009年7月27—28日,我们在泰国芭堤雅联合举办首届泰中商务论坛,我率300位中国企业家出席,泰方500位企业家出席,阿披实总理出席论坛并宴请我们,现场签约62亿美元。

披尼兄既是论坛主席,又是现场"礼仪先生"。26日报到那天,我们300位企业家从早到晚分若干个航班到达酒店。让我们十分感动的是,披尼兄竟然从早到晚一直站在酒店门口一一欢迎我们的企业家,并与他们一一合影留念。最后一批到达已是深夜12点,他坚持陪他们吃完夜宵才休息。

29日，论坛结束了，企业家们早上5点离开酒店去赶飞机。没想到，他又带着工业部长等20多人在酒店门口列队欢送，他还亲手为每位企业家戴上平安佛。我们所有的企业家都被他深深地感动了。

有兄如是，夫复何求

披尼兄是一个情深义重的人，我每次去泰国，他都会亲自到机场迎送，都会全程陪同。2009年3月，我和太太在泰国待了8天，他竟陪了7天半，每天晚上分手时，他都会把我们送到酒店大堂后才离去。

最让我感动的是，在我2011年遭遇慈善风波无妄之灾时，他动用一切可以动用的力量为我鸣冤，为我正名。其间，还亲自到我家里来看望我，安慰我，鼓励我。我当时最大的感慨是：有兄如是，夫复何求？

8天发送红包3000万

在汶川大地震发生后，我们世界杰出华商协会立即投入抗震救灾工作，第一时间与中央电视台联合发起救灾倡议，向每位会员企业家发去倡议书，组织了"为青川添希望"书画义卖等捐款活动，组织爱心企业家为灾区送去蔬菜、面包等物资。据不完全统计，在我们的倡导下，会员企业累计为灾区捐款捐物16亿多元。

2009年1月21—27日（农历腊月二十六至正月初二），我率领60多位爱心企业家到四川地震灾区举行"杰出华商为灾区送温暖春节慰问活动"。

我们每天从早到晚开着车到各个重灾区为受灾群众拜年、发红包、送年货，还送去书法家写的春联，请歌唱家为他们唱歌。8 天时间，我们先后慰问了汶川、都江堰、彭州、德阳、绵竹、中江、北川、青川等 10 个市县，为受灾群众发送红包 3000 多万元，发送年货价值 3000 多万元。

温家宝总理在汶川映秀镇亲切接见了我们，对我们的善举给予了肯定和鼓励。我和刘永好、陈光标等都是带着全家在灾区过春节，虽然灾区很寒冷，条件也很差，而且很辛苦，但是，我们都觉得那是我们过得最有意义的一个春节，最开心的一个春节。

天 道 酬 善

2011 年，是我人生中最受煎熬的一年。这一年，我和女儿卢星宇因捐款一亿元、募捐数亿元为非洲捐建希望小学，而遭到几亿网民和数百家媒体长达 4 个月的质疑、谩骂和穷追猛打，我们甚至莫名其妙地成了"父女骗子"。

事件起源于女儿的职业慈善家之梦。2009 年，女儿从美国留学回国后，我问她想做什么？她说：一不想当官，二不想发财，想做一个职业慈善家。我很欣赏女儿的理想，表示支持。我们商定在国内和非洲各做一个慈善工程，作为她终生的事业。在国内的慈善工程叫"感恩家乡义诊工程"，倡导企业家为自己老家的村捐建免费诊所，目标：捐建 1000 个。在非洲的慈善工程叫"中非希望工程"，目标：为非洲捐建 1000 所希望小学。

令我们喜出望外的是，中非希望工程受到中非各方热烈欢迎。在我带头捐款一亿元后,企业家们踊跃认捐,半年时间认捐三亿元。各受援国总统分别出席了工程启动仪式,吴邦国委员长和联合国秘书长潘基文也亲切接见我女儿并对工程高度赞赏。

让我们万万没有想到的是,正当我们为成功而欢欣鼓舞的时候,无妄之灾从天而降,我和女儿被人骂成"卖国贼"和"父女骗子"。

2011年8月16日,一些网民把我们的中非希望工程与当时炒得最热的"郭美美"事件、北京"打工子弟学校强拆"事件(网上说造成三万多名孩子失学)串联到了一起,指责我们把那么多钱捐到非洲助学,而不帮助国内失学儿童,说我们是"卖国贼",还给女儿取了个绰号:"卢美美"。一些竞争对手趁火打劫,秦火火等网络推手推波助澜。在其误导下,一时间,几亿网民、几百家媒体口诛笔伐,穷追猛打,谣言四起,骂声一片。我和女儿一再被妖魔化,甚至莫名其妙成了千夫所指的"父女骗子"。那些为工程捐款的爱心企业家也被无端谩骂,无情追打,无一幸免。我领导的世界杰出华商协会和天九幸福集团自然也难逃被抹黑和妖魔化的厄运。

捐款捐成了骗子,真是千古奇冤!做慈善被人辱骂追打,真是天理难容!一时间,委曲、痛苦、愤怒笼罩着我和女儿以及众多同仁、亲友的心。

面对泰山压顶、是非颠倒、百口莫辩的舆论狂潮,是沉默忍受、等待冤死,还是奋起抗争?我们选择了后者。

我们首先组建了强大的律师团,决心用法律维权。接着,悬赏百万捉拿幕后黑手。最后,悬赏千万奖证据,只要能拿出我们行骗或灰色慈善证据者,奖励1000万元!结果,无人回应,网络与媒体集体失声,沸腾的舆论也因此降到了冰点。

经过我们长达四个月艰苦卓绝的抗争,越来越多的人看清了真相,为我们鸣冤叫屈,舆论也开始回归理性。2011年12月16日,我们获得了一年一度的媒体公益大奖——京华公益奖。我们终于沉冤得雪!女儿走下领奖台后,躲在车里放声大哭了一场。

接下来,我们又获得了央视"慈善公益杰出贡献奖",民政部年度"慈善捐赠20强"。民政部的出版社还特地出版了《卢美美事件真相》和《我是卢星宇不是卢美美》两本正本清源的书。中非希望工程事件也被媒体评为"2011十大网络谣言"之一。秦火火等不法之徒最终也落入了法网。

事实证明,天道是酬善的。而今,我们捐建的首批22所希望小学已在坦桑尼亚、肯尼亚、卢旺达、布隆迪四国竣工。第二批希望小学已在纳米比亚和赞比亚启动。农村免费诊所也开业3家,更多免费诊所在筹建之中。女儿的职业慈善家之梦已重新启航。

难忘的雪夜

读高中的时候,由于家里太穷,我曾经历过一段寄人篱下的生活。

因为不住学校可以节省点住宿费,又刚好我母亲的一个侄儿家就在学校的操场边上,于是母亲将我寄居在他们家。母亲的初衷只是节约点住宿费,我每月的伙食费还是要照交的。由于表哥在银行当领导,经济条件较好,他坚持不收我的伙食费,母亲只好领了他的善意。没想到表哥的善意遭到其中一位家庭成员的不满,一个月后,她便想尽各种办法想把我赶走。

记得那是1980年的冬天,一个大雪纷飞的夜晚,我上完晚自习,边哈着气暖手,边跑步跺脚回屋睡觉,却发现床上的被子不翼而飞了……

由于前一段我发现她们每顿只给我吃一小碗饭,她们刻意把锅里剩下的饭藏起来,待我上学后再继续吃。我便意识到这是她们在用这种方式赶我走。但那个时候已经是晚上11点以后了,我能够去哪里呢?

我是一个天生要强的人,我没有向她们索要被子。由于天太冷,又无处可去,我只好在白雪皑皑的院子里一圈接一圈地不停走动,以抵御寒冷。

为了分散注意力,我一边在雪地里转圈,一边默诵数学公式与定律。我不停地走啊走啊,感觉那个夜晚实在是太长太长。就这样,我一直走到早上5点以后。

就在我眼冒金星,两腿僵硬,快要晕倒的时候,母亲的一位住在同院的堂兄起来如厕。当他看到雪地上那一圈又一圈的深深脚印和捂着手不停哈气的我,就啥都明白了。

堂舅把我拉进他们的被窝,我却怎么也睡不着。心里一半是冰,一半是火。让我身心俱热的,是堂舅和他们的被窝,那是我一生中感到最为温暖的时刻;让我感觉更冷的,便是那苦不堪言的贫穷!

我在心里默默发誓:一定要摆脱贫穷! 不但自己要摆脱贫穷,更不能让下一代再经受这样的困苦! 将来要是富裕了,一定要多多帮助穷人。

从此,我离开了那个家。为了不让父母伤心,我一直没把这件事告诉他们。直到后来考上大学,堂舅才将这件事告诉了母亲,母亲伤心地哭了一宿。

而今回想那个夜晚,我没有怨恨,更多的是感激。我常常想,如果没有那个雪夜,也许我就不会发愤读书,也许就考不上大学,也许就没有今天。更重要的是,那个雪夜的经历,成了我在日后战胜各种困难的一种精神力量。

由此,我也深切地感悟到:困难与挫折,是弱者的包袱,是强者的财富。

终身追随者

我的大学同学王友猛是我的第一个追随者,也是终身的追随者。

从1982年大学相识到2006年他不幸病逝,我们一起奋斗了25年,取得了很多成就,没有发生过一次冲突,我们的关系不是兄弟,胜似兄弟。

他是一个非常聪明厚道的人,我们一见如故,彼此有一种强烈的信任感和依赖感。大学毕业时,他在我的留言簿上只写了一句话:"卢兄:我时时处处需要你"。也许,我永远都无法了解他这句留言的全部含义,但是我知道这其中包含了对我坚定的信任。大学期间,他也多次向我表达:这辈子就跟定你了!当时都没有太在意,随后20多年的相处,一切自然而然,也没有太在意。直到2006年6月我们阴阳两隔之后,才突然意识到,他是我的第一个追随者,而且追随了一辈子!

大学毕业时,他被分配到南充市,户口、档案都转到了南充市。后来,由于我分配到了广元市,他便毅然跟随我到了广元。由于南充不同意放人,他的户口与档案一年半以后才颇费周折地转到了广元。到广元后,他分到了广元粮油技校工作,分了房,还领了70多元的工资。他作为一个专科毕业的师范生被分到了市里工作,而且是中专学校,让我们当时分到广元的40多位同学都十分羡慕。

后来,我被分配到了旺苍县。没有想到,他又把工资、房子都退了,跟随我到了旺苍,被分到城关中学教书,月工资只有51.5元。后来,我在旺苍县政府工作6年,我做县长的秘书,他便成了我的兼职秘书。那时候没有电脑,稿子都是手写,经常是我写稿子,他负责抄写。我们还一起出版了一本书《现代交际艺术》。1991年,我被调到广元市委工作,1992年,他便停薪留职来到广元,与我弟弟一起创办企业。1995年,我下海经商,他便一直追随我,辗转商场,风雨同舟,先后担任副总经理、总经理,鞠躬尽瘁,功勋卓著。

2006年6月10日,他因急性胰腺炎在北京协和医院不幸逝世。6月9日晚,我在他的病榻前陪了一个通宵,陪他度过了最后一个夜晚。整个晚上,我都在为他祈祷,早上看到他睁开眼睛的时候,我万分欣喜!当时,他嘴里插着管子,无法说话,先是很惊讶地把我和他的亲人看了一圈,然后目光平静地投向了我,像是在对我交代什么,大约1分钟后,他永远闭上了眼睛!

友猛的去世,是我第一次亲历生离死别,有如晴天霹雳,怎么也缓不过神来,怎么也不相信这会是事实!6月11日,我把自己关在屋子里,一边写悼词,一边哭,多次抑制不住地放声大哭,我从未这样哭过。世界上很多事情都是这样,拥有的时候,觉得很自然,很正常,不觉珍贵,往往只有失去的时候才倍觉珍贵。我真心地希望大家能够珍惜我们身边的每一位亲人和朋友,以为将来失去的时候少一些痛悔。

送走友猛,我想起了他临终无言的嘱托。于是,决定将他的儿子和女儿当自己的孩子一样培养,承担他们从小学到海外留学的所有费用。他90岁的奶奶和70多岁的父母也都由我终身提供赡养费。同时,破格将他的夫人吸收为集团的终身员工。而今,他的女儿已经在英国留学两年了。尽管如此,我还是觉得十分痛悔。他在世的时候,我对他关照得太少太少,而他却默默地为我付出了太多太多!如果生命可以再来一次,我甘愿做他的仆人,以弥补我内心的歉疚。

被遗忘的父爱

有谁能够想象我连续半年睡地板,而且是绿皮火车座位下的地板?但是我睡了,而且睡得很幸福!那是我女儿不到六岁的那年,我坐绿皮火车从广元到成都看女儿,每周往返20个小时,往往买不上座位票,站着累了困了只好就地席地而卧。

为了培养女儿卢星宇的独立性,在女儿5岁多的时候,我就将她送到成都上学,我当时还在广元市委工作,两地相隔350公里。

由于女儿年幼,不适应新的环境,经常哭着闹着要回家。放学后经常抓着老师的自行车不放,哭着要老师送她回家,她并不知道家远在350公里以外。老师没办法,只好假装答应她,带着她在操场里转圈圈,直到她睡着为止。她给妈妈打电话,哭着要见妈妈,她妈妈让她看照片,她却边哭边说:照片上的妈妈不能动啊。

由于担心女儿幼小的心灵受到创伤,在女儿到成都的头半年,我每周六晚上都从广元坐10小时左右的火车到成都,星期天陪女儿玩一天,星期天晚上又坐10小时左右的火车回广元,赶上星期一上班。因为那个时候每周只放一天假。

由于那个时候的绿皮火车人满为患,从广元中途上车绝大多数时候都无法买到坐票,我只有把报纸铺在火车座位下面的地板上睡觉。这样坚持了半年多,累计行程上万里,直到女儿完全适应了学校生活为止。

现在回忆起这段经历的时候,感到有点不可思议,但那个时候一点也没有觉得就过去了。因为,爱是一种幸福,心中有爱,虽苦尤乐。

最让人感到遗憾的是,而今给女儿讲那段故事的时候,她却毫无印象了。

先定原则后经商

1992 年,太太"下海"经商。到 1994 年,公司初具规模,拥有 8 个独立法人企业,感觉有些力不从心了。她邀请我"下海"与她一起办企业。我开玩笑说:我"下海"可以,但是你必须"上岸",因为你是我的"领导",我不能反领导。没有想到,半年后,她真的决定上岸了,我也只有兑现承诺:"下海"。

在"下海"前,我对商人有"无商不奸"的偏见。我最大的顾虑是,我做人的原则可能会与经商的原则相冲突,怎么实现两者的最佳平衡,怎么使自己既赚钱又不至于变成奸商。经过反复思考,我找到了对策,给自己制订了一个"为商三原则":追求利润,但不唯利是图;勇于竞争,但不伤天害理;等价交换,但不斤斤计较。"下海"后,我要求所有员工都要坚守这三条原则,并将它印在名片背后。后来,这三原则演变成了:做好事,走正道,谋幸福。由于这三个原则的长期坚守,使我们的公司脱离了奸商的低级趣味,走向了幸福企业。

无 言 之 教

2010年11月初,我与四位协会的副主席随胡锦涛主席访问法国。从北京去巴黎的时候,只能买到一张头等舱的机票,秘书问我给谁买?我说给年纪最大的。结果买给了62岁的刘树清副主席。到机场后,他死活不要,坚持把票推让给了我,我当时才发现我们团里年纪最大的是64岁的茹伯兴副主席,他也坚持不要,说应该主席坐。我说这里没有主席,只有长者,最后他才勉强坐了,中途还要我换过去,轮流睡觉,被我谢绝了。

我们从巴黎回北京的时候,在戴高乐机场换机票时,我发现别的团里一位姓孙的70多岁的清华大学原副校长手里却拿着经济舱的票,虽然我们是萍水相逢,但眼看着让一位70多岁的老人坐在经济舱里,自己坐头等舱,怎么也很难安心。于是,我把自己的头等舱让给了他,老校长很感激。

次月,女儿卢星宇出席我们协会组织的"杰出华商财富欧洲行"活动,从巴黎回来的时候,她看到同团的一位企业家身体欠佳,又没有买到头等舱的座位,便主动把自己的头等舱座位让给了那位企业家。她回来后告诉了我这件事,让我感到很惊讶。心想,一个从小"被服务"的"富二代",能够做到如此,好不容易。为此,我按机票价格的两倍给她发了一个特别爱心奖。后来她告诉我,她之所以让座,是受我的影响,是因为出国前她听妈妈讲了我让座的故事。

父母是孩子的第一任老师和榜样,父母的言行可能会影响孩子的一生。所以,父母在孩子面前的言行不可不慎,尤其要注重身教。

红包倍增,长辈开心

我考上大学之后一直有个志向,把整个家族从贫困山区移民到首都,彻底改变家族的生存发展环境。10多年前,我实现了这个愿望。为此,我在北京的长辈很多,因工作繁忙,长辈们过生日的时候,自然是有的能参加,有的不能参加,有时能参加,有时又不能参加,心里很是难安。为避免长辈们误会,我专门把31位长辈请到北京人民大会堂吃国宴,为他们举办了一个隆重的集体生日。并当场宣布:以后凡是长辈的生日,我和夫人一起参加的,送孝心红包1000元;只有一人参加的,送孝心红包2000元;两人都不能参加的,送孝心红包4000元,长辈们都热烈鼓掌。此后,长辈们过生日,不管我去不去都很高兴。因为,我们去了,他们能见到我,很开心。如果确实去不了,加倍的红包也传达了我们真心实意的祝福,他们也很开心。

孝敬长辈,贵在用心。

在父母说的话前面加个"最"

有一天,我们几个兄弟姊妹聚会,大家问我一个很尖锐的问题:"我们几个兄弟姊妹都很孝敬父母,而且平时在身边尽孝的时间比你还多,为什么父母总是对你特别宠爱?有什么秘诀?"我说,我的秘诀就是,在父母说的话前面加个"最",然后重复一遍,父母听着很顺耳,自然宠爱你。他们说,那不是没有原则了吗?我说,父母都那么大年纪了,谈论的都是过去的人和事,有的人都已经不在了。没有必要去与他们讨论原则什么的,顺着他们就好了。孝顺孝顺,首先是顺,不顺就是逆子。以后大家都要这么对待父母,这要作为一条家规。从此,他们也都这么做了。所有兄弟姊妹再没有与父母发生过争执,父母每天都过得很开心。

家庭是一个讲情的地方,而不是一个讲理的地方。对不重要,错不重要,幸福高于一切。根据我的经验,家庭和谐有三条原则:对儿女,错了就认错。坦荡的父母才受儿女尊敬;对太太,对了也认错。能够对了也认错才是合格的丈夫;对父母,不讲对错。要在父母的话前面加个"最",再重复一遍。让父母开心就是大孝。

打扇尽孝,挑水报恩

我从小到大,在家族中、学校里、单位上都非常受宠。很多人都问我有什么秘诀,我觉得没有什么秘诀,关键是要有一颗感恩的心。

在我童年的时候,我们那儿的农村没有电风扇,一到夏天,酷暑难当,我便经常请祖母、父母和叔父叔母在院坝里坐成一排,由我带着弟弟妹妹,一人拿一把扇子,每个人一圈一圈地给长辈们打扇。长辈们就不停地夸我们,越夸我们,我们就越积极。每次都是把长辈们扇凉快了,我们却变成了满头大汗,但却很开心。

在我读大学的时候,父母多病,农村实行包产到户,田地没人种,我的几个叔父都非常好,无怨无悔地把我们家的田地全都做完了,有时还先给我们做,然后才做自己的。我回家知道后,很想感谢他们。可我当时是一个两手空空的穷学生,无以为报。我想来想去,自己年轻,有力气,因此,每到大年三十,我就用一整天的时间把几家人的水缸都挑满,让大家春节期间不用再挑水。我们那时候挑水要到屋前的悬崖下面去挑,要爬很高的坡,很辛苦,也很危险。

这两件事都是小事,但却是一份真诚的感恩之心。根据我的经验和感悟,感恩是一种激励,是激励别人对你更好,常怀一颗感恩的心,是人际关系良性循环的法宝。

千里送红包

1998年,员工小邹家中可谓祸不单行。自己身体长年不好不说,父亲又患上了中风,更加悲惨的是,哥哥腿骨折断,刚要痊愈时却又不小心摔下悬崖惨死。妻子住院生产,孩子刚刚落地就气绝身亡。真是苍天无情,命运多舛。到年底,家里债务累累,无法过年。

令人遗憾的是,这些情况我却一无所知。春节放假前夕,小邹实在忍不住了,便给我写了封信,反映他的困难情况,我当时在外地出差,等我回来看到那封信的时候,公司已经放假了,小邹已经回到四川老家了。

我看完信,既同情又内疚。我觉得,作为一个老板,员工那么苦,自己却不知道,是一种失职。如果他们一家人因此而过不好年,那将是我的罪过。

于是,我马上找到一位助理,让他迅速从北京赶到四川广元,务必在春节前将3000元红包亲手交到小邹手上。

助手走了,我看着小邹的信,心情久久不能平静。我想,也许公司还有不少像小邹一样的困难员工,而我们却不知道,更谈不上帮助。怎么才能有效地解决这个问题呢?

事后不久,我便想出了一个解决办法:在公司创设"天九爱心互助基金"。号召公司收入较高的员工自愿向基金捐款,公司按员工捐款额同比配套,然后把这笔钱作为原始股入到公司,用每年的分红来帮助困难员工,员工遇到困难都可以申请基金资助。如此,不仅可以及时有效、持续不断地解决员工困难,还可增强全体员工互相关心、互相帮助的意识,培养员工的爱心。

从此,天九爱心互助基金成了困难员工的"及时雨"。迄今为止,受助员工近千人次。

无声的演讲

大二那年,班里选举团支部书记,由全班52个同学现场无记名投票,现场统分,现场公布。没想到,我竟然得了全票!

看到那个结果,我的第一反应是:幸亏自己没有投给自己,否则就露馅了。因为那个年代的人还不好意思给自己投票。

当老师让我上台发表就职演说时,我已经被同学们的信任与认可感动得无话可讲。心中除了感动,就只剩下一个字:干!因为只有更加努力地干好班里的工作,才对得起同学们对我的厚望!

众目睽睽之下,我从讲台上取来粉笔,横执指间,径直走向黑板,顶着上沿,用力从左至右抵满两头写下一横,然后又从左至右抵满两头在中间写了一横,最后,再从上至下抵满两头在中间写下一竖,构成一个最大的"干"字,然后,在同学们雷鸣般的掌声中我一声不吭地走下了讲台。

这些年,我在上海世博会、法国众议院、北京大学、联合国总部、多国总统府等地发表过数百场演讲,也得到过很多掌声,但我觉得最精彩的还是那次无声的演讲。因为,再华丽的言辞在真诚与行动面前都是苍白的。

查出来的清官

1990年,我在旺苍县政府工作时,妹妹卢百灵在旺苍县一个中学当代课老师。妹妹为了深造,决定到四川师范大学读书,但是没有钱交学费,于是向学校提出借2000元学费。学校领导说,如果你哥能够找有关部门帮我们解决学校修建厕所的经费,就送给你2000元。我了解情况后,发现该校确实需要修建厕所,也完全符合有关政策,便找有关部门协调解决了这一问题。学校十分感激,准备给妹妹奖励2000元,支持她读书。我知道后,坚决反对,要求妹妹只能借款,不能白要。由于担心妹妹执行走样,我特地与妹妹一起去学校,看着妹妹打了借条。后来,我用了3年时间帮妹妹还了1500元,妹妹自己工作后还了500元。

后来,我调到广元市委工作。没想到,此事却被好事者举报,说我受贿。有关方面去那个学校了解真相后,得出结论:卢俊卿是查出来的清官。

在党政机关工作了整整10年,现在想来也没有太多值得自豪的事情。但这件小事却值得我终生自豪。

一床被子与百万捐款

我跨入大学校门的第一个冬天,由于家里太穷,没有被子越冬,我的床上只有一床形似出土文物的垫絮。我深知家里的境况,也不忍心向万分困难的父母开口。

于是,我把那床垫絮一半垫在身下,一半盖在身上,不脱衣裤,勉强御寒。这办法看上去不错,但夜里还是经常被冻醒。

细心的班主任老师文齐国发现了我的窘况,找学校给我解决了一床被子,帮助我度过了三个寒冷的冬天,那种温暖至今难忘。感动之余,我暗下决心,如若将来富裕了,一定要帮助那些跟我一样贫寒的大学生。

终于,我有了自己的企业,从贫穷走向了富裕。为报答母校昔日的栽培与关爱,我向母校捐款120万元,建立了"俊卿助学基金",专门用于帮扶贫困的学弟学妹们。与此同时,每个寒暑假,我还资助母校的10位优秀大学生出国学习考察。

黄金有价,恩情无价。我衷心地祝愿母校越办越好,老师们健康长寿,师弟师妹们个个成才,远离贫困。

总统的儿子也不行

2011年3月,女儿与她的秘书肯尼迪去坦桑尼亚启动中非希望工程,基奎特总统在总统府盛情接待了他们一行,女儿和秘书圆满完成了出访任务。

按单位规定,她可以坐公务舱,而她的秘书只能坐经济舱。而她却给秘书也买了一张公务舱的机票。

她出国回来后,我知道了这件事。我严肃地告诉她:单位是按级别确定机票舱位的,她违反了单位的规定。

而她却理直气壮地向我陈述了她的两个理由：第一，她和秘书是同龄人，应该平等，不好意思不一致；第二，秘书是赞比亚前副总统的儿子，应该给予特殊礼遇。

我说："你有平等友善的观念很好，但在制度面前必须人人平等，你违反了制度，就必须承担责任。总统的儿子也不行！"

她还是坚持她的理由，与我激烈争辩。最后，她哭了，我也生气了。我告诉她：必须自己想办法，在次日内把问题解决好。我们不欢而散。

让我感到欣慰的是，第二天，她主动将24000元的机票差价悄悄交给了财务中心。

慈母般的关怀，钢铁般的纪律，是我一直秉持的管理理念。越是亲人，越是身边近臣，越要带头遵守规章制度，这是管好一个企业的基本原则。

最可爱的人

2011年5月底6月初，我率领华商代表团到肯尼亚、卢旺达、布隆迪三国启动中非希望工程。代表团的20多位企业家都是中非希望工程的捐款人，他们的捐款少则上百万，多则上千万。他们的年纪大多在50岁以上。

在开始订机票的过程中，有一半企业家订了经济舱。我们的工作人员一再向他们强调：旅途遥远，活动紧张，有的时候下飞机就要出席活动，劝他们订头等舱或公务舱，以便在飞机上休息。经济舱与公务舱仅差4万元。结果，还是有7位企业家舍不得定公务舱，坚持订了经济舱。其中有位江苏的企业家尤其让人感动,他与同行的妻子都已年过六旬,企业资产远超过40亿元,当年盈利4亿元,在工作人员的一再劝导下,他只给夫人升了舱,自己却坚持坐经济舱。

我得知情况后,实在不忍心看到这些爱心企业家在漫长的旅途中过分疲劳,便悄悄地自掏腰包,花28万元为他们升了舱。

在非洲的旅途中,我向一些企业家询问不升舱的原因。他们中有的淡淡一笑,说,习惯了,没关系。有的说,与其把钱花在屁股下面,还不如省下来帮助更多的失学儿童。让我十分感动。从他们身上,我深切地感到,中国的民营企业家"吃的是草,挤的是奶",他们是天下最可爱的人!

我非千里马,愿往伯乐家

1985年6月,我大学毕业,与同校的48名同学一起被分配到了广元市。我读的是师范院校,又是从农村出来的,在城里举目无亲,分配到乡下去教书是自然而然的事。然而,结果却出人意料,47个同学都按所学的教育方向分配了,唯有我改行了,去县政府当了秘书。

原因很简单:当时的广元教委给我们一个特别礼遇:每个人的工作志愿可以同时填报两个县。大家都按要求填写了,唯有我只写了一句话:"我非千里马,愿往伯乐家"。如此,我便成了所有县区争抢的人。

最终,旺苍县的副县长张启明打动了我。他看了我的一些资料和作品后,真诚地问我希望做什么工作,我说,第一志愿是搞文学创作,因为我是学中文的,喜欢文学;第二志愿是从政。他说:"我用县长的人格担保,保证满足你的愿望。"他的话深深地打动了我。于是,我跟他去了旺苍县。当晚,他与旺苍县委副书记、县委宣传部长、文教局长等领导在旺苍一家最好的酒店为我举行了欢迎宴会。据说,那是旺苍县有史以来对大学生的最高礼遇。

张县长兑现了他的承诺,我被分配到旺苍县文化馆搞群众文化。我还未报到上班,就给我一次性发了两个月工资,并让我先回老家休息两个月再上班。待我休息两个月后,准备去文化馆上班时,又通知我到文教局给局长做秘书(文化馆归文教局管)。鉴于领导们的厚爱,我只好服从安排。没想到,在文教局上班才三天,一件意外的事再次改变了我的命运。

后来我才知道,我这匹"千里马"被抢到旺苍的消息在当地影响很大。很多旺苍才子都不服气,都想考考我的真本事。时值第一个教师节,县委书记要在教师节的动员大会上作一个上万言的报告。于是,有人就指名道姓要我写。于是,在我到文教局上班的第三天下午下班前,给书记写报告的任务落到了我的头上。

旺苍那么多老笔杆子,这么大的事让一个刚上班的学生来干,显然有违常理,我也知道是在考我。但初生牛犊不怕虎,那时候的我十分好强。我不仅欣然接受了任务,而且决心当天晚上写完,第二天便交卷,要给大家亮亮本领。于是,我找来我的同学王友猛帮忙。我们分工:我边写边改,他边抄写(那时候没有电脑)。结果,第二天早上7点钟,一篇上万字且抄写工工整整的报告放到了领导的办公桌上。

这件事在县委县政府大院再次引起轰动。为此,我只在文教局上了4天班,便被调到县政府做秘书,三个月完成了"三级跳"。

这件事说明,事在人为,休言万般皆由命。同时也说明,成就我们的,不仅仅是贵人,往往还包括那些给我们制造麻烦的人。

裸　捐

　　因为我从小生活在川北最贫困的山区，生活十分艰苦，经历过很多磨难，对弱势群体有一种天然的同情心，遇到别人有困难，只要能够做到的我都全力以赴给予帮助。

　　我最早涉足慈善，应该是刚参加工作的1985年。当时，我在旺苍县政府工作。那年冬天，县里的北部山区有一个村子烧光了，村民急需帮助，领导动员大家捐款捐物。由于我是从贫困农村的苦日子中熬出来的，对他们的处境感同身受，很想帮助他们。但是，当时每月只有51.5元的工资，上要孝敬父母，下要供弟弟妹妹读书，还要还父母为送我们读书所欠的债。我从参加工作就入不敷出，年年负债，一直到7年后太太下海经商为止。所以，当时实在无钱可捐。看看衣服也无多余，个人稍微值钱的财产只有一样：一口装书和衣服的樟木箱子。那口箱子还是三叔在我考上大学时看我没有行李箱才送我的。为此，我一咬牙，把箱子捐给了受灾的村民，把书和衣服放在床边上，自己真正变成了"无产阶级"。这应该是我记忆中做的第一件慈善。

　　现在，我已经成为了衣食无忧的有产阶级，虽然也做了不少慈善，但每每想起当初那种裸捐的精神，还是颇有感慨。

全国首家免费诊室

　　我的老家地处川北大巴山区，交通不便，经济落后，就医难一直是乡亲们的心头之痛。1980年代发生的两件惨事让我至今难忘。

一是邻居王庆年得了肝癌，疼痛难忍，却又无钱医治。整天号啕大哭，让人撕心裂肺，尤其是深夜，听着格外凄惨。他一直号啕了三个多月才咽气。

二是我的三妈怀了个龙凤胎，因老大是个女儿，生个儿子自然是她最大的愿望。没想到难产了。左邻右舍只有临时砍竹子，做滑竿，把她抬到20里以外的镇医院。让人痛心的是，由于未得到及时处理，那个男孩生下来吸了几口气便死了。这事成了三爹三妈的终身遗憾。

为此，我发愿，待我有钱了，一定要为村里建个免费诊室。

2011年12月16日，我捐建的免费诊室——卢星宇感恩堂义诊室终于开业了。这是全国首家农村免费诊室，为我老家的金鹤村和高清村的2300位乡亲提供免费医疗。

诊室主要为乡亲们提供三项服务：一是免费看病抓药；二是买了一台120急救车，为老年人、残疾人、重病号和儿童提供上门服务；三是每月请一位城里的专家到村里为乡亲们义诊3天。

义诊室深受乡亲们欢迎，两年多时间，免费服务达23000多人次。2013年8月24日，中央电视台《道德观察》栏目对此做了长达20分钟的专题报道。

为了让更多农村享受免费医疗，我们发起了"感恩家乡义诊工程"，倡议农村出来的企业家们都为自己的老家捐建一个免费诊室。而今，已有3家免费诊室开业，更多免费诊室正在筹建之中。

最特别的年终奖

创业第一年，公司年利润只有几万元。时值一位曾经对我有知遇之恩的老领导下海经商，遇到资金困难，我便以个人信誉为其担保，在银行帮他借了五万元。那位领导到期还不上，承诺年底还。为不失信誉，我只好自己先掏钱帮他还上。

年底时，我去那位领导家中，本意是催要借款。但一进门，发现其太太在哭，原因是公司被人骗了，经营亏损，外债缠身，刚才一个债主来家催逼25000元债务，扬言再还不上就来抱他们家的电视、冰箱。我见此情景，不好意思开口催债，反而将自己随身携带的拟给员工发年终奖的25000元现金全部给了他们。

就在此时，我大学的一位恩师出了一本书，希望我为他推销一点。我觉得毕业这么久了也没有机会报答他，就毫不犹豫地买了1000本。

这一下来，花掉了公司所有的现金，公司唯一的财产只剩下1000本书了，也没钱给员工发年终奖了。万般无奈之下，我只好将书作为年终奖分给当时的10多位员工，让大家卖掉书后回家过年，如卖不出去的，来年全部回收。次年，公司赚了钱，我即以20倍的价格回收了员工所有未卖出去的书，以示补偿。此前没有卖掉书的同事也因此发了一笔小财。

之后，我对此事的对错做过总结。至今，我仍然认为当初的做法是正确的。因为，这个世界上最可贵的不是金钱，也不是成败，而是知恩图报，问心无愧。

尊重人，从保姆开始

女儿小时候，我因工作太忙，很少有时间陪她，更没有时间管她的细节，只有对她进行"原则性放养"。于是，我给她制订了一个"向善，向上，自觉"的"约法三章"。隔一段时间，我就会问她记不记得"约法三章"，并要求她逐一对照检查自己前一段的言行。

在她6岁那年，她周末住在我的一位同学赵先贵家里。有一天，因担心保姆弄乱她的东西，她不让保姆进她住的房间。我知道后，就把保姆、同学夫妇和我的太太请到客厅的沙发上坐下，然后叫她出来站在大家前面，让她立正。她开始不以为然，作了个稍息的姿势。于是，我十分严肃地重复了一次我的指令：立正。她看我那么严肃，马上改成了立正姿势，眼泪也随之掉了下来。我让她自己检讨：犯了什么错误？犯错误的根源是什么？今后怎么改正？她承认了错误，并在我的引导下认识到了错误的根源，表示今后要尊重每一个人，并当即向那位保姆道了歉。从此，她对保姆十分尊重，并由此学会了尊重每一个人，善待每一个人。

由此，我得出一个结论，教育孩子，尊重人要从保姆开始。

吹牛要"上税"

2006年年底，按惯例，集团对年度营销业绩前三名者分别奖励价值20万、15万、10万的汽车。年仅19岁的小侯勇得季军，无比兴奋地期盼着开上人生的第一辆汽车。在离颁奖大会只有两天的节骨眼上，一件意外的事情发生了……大连的一位企业家在与我通电话的过程中,无意中说到我们一位副主席的个人资产都有8个亿。我一听便知道是谎言,便问他听谁说的,他说是小侯告诉他的。我当即告诉他是谎言,并告诉他,他之前与我们的合作若受此影响,可以全部退款。接下来,我马上打电话给分管领导韩总,决定取消对小侯的汽车奖励,并让她与大连企业家协商退款事宜。韩总及时向小侯的主管姜总传达了我的指令。没想到姜总却分别找我和韩总为小侯求情,理由是,小侯很勤奋,他一年来拼命工作,就是为了那台车,如果取消了,他可能承受不了,可能会离职,他想留住小侯。我给姜总回复了三条:第一,小侯的奖励必须取消,他如果因此离职就欢送;第二,让他转告小侯,如果他是一个人才,就应认真检讨,痛改前非,然后发奋图强,夺取下年冠军;第三,姜总为小侯求情,说明立场不端,必须在董事局会上做书面检讨。结果,小侯的车取消了,姜总在董事局作了书面检讨,大连企业家主动说,虽有误导,但不严重,不退款了,但我们还是给他退了一半。更令人惊喜的是,第二年,小侯真的得了冠军!此后,我们更加重视诚信建设,特地建立了诚信保证金制度。所有营销人员都必须签订《诚信经营承诺书》,并将每月工资的30%作为诚信保证金,留到下月发放,一旦发现不诚信行为,保证金全扣。集团的诚信建设也因此上了一个新的台阶。

最能干的总经理也要"下课"

2006年,在我们孵化的8个营销公司中,有一位姓邓的总经理特别能干,他一个公司的业绩超过了其他7个公司的总和。他曾是保险行业的风云人物,知识渊博,经验丰富,乐于奉献,干工作是"拼命三郎"。我对他很赏识。然而,正是由于上述优势,邓总恃才而傲,对集团的规章制度往往不以为然。尤其是为了给他的公司增加业绩,他屡屡违犯兄弟公司都遵守的相关规则,兄弟公司对他意见很大。文总等相关领导一再对他劝导、批评,收效甚微。他的理由是,他违规是为公司多出业绩,不是谋私利。有一个周五的下午,我主持集团董事会,会开到一半,他就悄悄离席了,散会时也没回来,所有人都不知原因。我很生气,大家也很气愤。不管有什么特殊情况也应该打个招呼呀。为此,我当场宣布:如果下周一上班前他未主动说明情况,即免去其总经理职务。令人遗憾的是,周末两天时间,他也未做出解释。直到周一接到免职通知时,他才哭着来找我,表示承认错误,下不为例,希望再给他一次机会。我说,已经给过机会了,董事局的决议绝不会更改。最后,他选择了离职,我们友好地分手了。我一向秉持的管理风格是:慈母般的关怀,钢铁般的纪律。怀菩萨之心,行霹雳之事。制度面前必须人人平等。我如此处理邓总,虽然失去了一个营销管理人才,但是维护了制度的严肃性,对于日后的团队建设大有益处。我坚信,牺牲制度换取业绩必定遗害无穷。

千金买错

作为一个老板,最大的悲哀莫过于听不到批评自己的声音,因此而付出太多不必要的代价。我是一个十分自信的人,走入人生误区的概率自然要比常人多。为有效减少工作中的失误,2001年,我搞了一个"千金买错"的活动。鼓励员工指出我工作中的缺点、失误和错误,属实者奖励

1000元。为了让大家消除顾虑,畅所欲言,提案统一实行无记名制,公司里只有一个代我收集提案和发奖金的人知道提案人是谁。

结果,有四十多人获得了奖励。至今我都不知道他们是谁,但他们对我的批评却影响到我的一生。通过那次活动,我才第一次知道自己有那么多缺点和错误。有的提案十分尖锐,但却都是出自赤子之心,令人既难受又感动。面对四十多条一针见血的批评意见,我对自己过往的言行进行了一次彻底的反省,对自身进行了一次彻底的"大修"。

"千金买错"活动之后,我更加认识到了员工建议的重要性,大大增强了对员工建议、意见、信息提案的奖励力度。而今,集团已经形成全员创新体系,创新已经成为"天九"发展的灵魂。

感恩小平

我们中国人有拜财神的习俗,财神也自成体系,有正财神赵公明、偏财神苏福禄、文财神范蠡、武财神关羽、富财神沈万三,曰"五路财神"。改革开放的总设计师小平同志可谓"当代财神",每一个先富起来的中国人无不感恩小平。我是一个从赤贫走向富裕的农家子弟,感恩小平自是肺腑之言。

感恩是一种行动。2013年5月,我专程赴广安拜谒了小平同志铜像,了解了小平家乡发展情况。8月,我们与广安市总商会共同发起了"感恩小平共建广安"活动,我率一百多位企业家共聚广安,感恩共建。

企业家们纷纷为小平故里种植纪念树,为学校捐赠电脑,为农村建免费诊所,为当地经济添砖加瓦,用实际行动感恩小平恩德。现场认捐1.1

亿元,合作签约100多亿元。我认捐300多万元为小平故里牌坊村捐建的免费诊所也现场开业。

2013年11月,我又率60多位企业家到广安举办了第二次感恩共建活动。2014年,我们还将组织200至300位企业家到广安举办3次感恩共建活动。每次活动我都会亲自率团。

广安是我们在同一个市组织活动最多的地方,也是我亲自带队最多的地方。组织这些活动虽然不挣钱只花钱,但是我却无怨无悔,乐此不疲。因为:感恩是一种责任,感恩是一种美德,感恩是一种幸福!

跋

幸福企业用"心"建设

在本书行将收尾的时候,我忽然想到了一个小故事。

一把坚实的大锁挂在大门上,一根铁杆费了九牛二虎之力,还是无法将它撬开。

钥匙来了,它瘦小的身子钻进锁孔,只轻轻一转,大锁就"啪"的一声打开了。

铁杆奇怪地问:"为什么我费了那么大力气也打不开,而你却轻而易举地就把它打开了呢?"

钥匙说:"因为我最了解它的心。"

钥匙了解锁的心,您了解员工的心吗?

未来的世界不是有钱人的世界,也不是有权人的世界,而是有心人的世界。

新时代就是"心"时代。我们要迎接"心"时代,走进"心"时代,经营企业就是在经营人心,得人心者得天下!

建设幸福企业,可能需要企业一定的经济投入,但幸福企业绝不是用钱去建设的,而是用"心"去建设的。如果没有"心",花再多的钱也不可能建设起幸福企业。

因为用心,您才会寻找制度化与人性化的最佳平衡。

因为用心,您才会寻找利润最大化与幸福最大化的最佳平衡。

因为用心,您才会千方百计去满足员工不断增长的幸福需要。

因为用心,您才会经营人心,得到人心!

我自从20世纪90年代初期开始办企业,就开始思考什么企业才是最好的企业,2009年正式形成"幸福企业"理论体系,曾经在众多场合讲过幸福企业的理念,得到了广大企业家的热烈响应。更让我欣慰的是,我到一些企业考察的时候,发现不少企业已经将我的一些理念与措施实施了,旗帜鲜明地建设幸福企业了,这更加坚定了我推广幸福企业的决心与信心。

如今,本书修订版即将面世,我真诚地希望它的出版能够促进幸福企业理论体系的研究,能够促进更多企业投入到建设幸福企业的美好事业中来。如此,则员工幸甚,企业幸甚,国家幸甚,世界幸甚!

由于时间仓促,加之水平有限,本书错误之处在所难免。我真诚地希望读者朋友们批评指正,不吝赐教。我的电子邮箱:ljq@wecba.org。